© 2013, Raúl Bianchi

Diseño y armado:
manosanta desarrollo editorial
www.manosanta.com.uy

ISBN: 978-9974-99-278-8
Depósito legal: 364 044 – 2013

Esta primera edición se imprimió bajo el cuidado de Manuel Carballa,
en la ciudad de Montevideo, en el mes de noviembre de 2013.

RAÚL BIANCHI
CADENA DE ESFUERZOS EFICIENTES
Cómo terminar los proyectos a tiempo y en presupuesto
Teoría de Restricciones para la gestión de proyectos

ÍNDICE

Prólogo 9

Introducción 11
    Por qué y para qué escribir este libro 12
    Estructura del libro 12

1. Introducción a la gestión de proyectos 15
    Proyectos en Uruguay 18
    Problemas habituales 24
    La exposición del prestigio personal 29
    Enfoques de mejora 30
    Los orígenes de Cadena Crítica 33

2. El desperdicio de las protecciones 37
    La práctica común de gestión 37
    Implicancias de la práctica común de gestión 41
    Los mecanismos de desperdicio de las protecciones 46
    La ley de Parkinson 49
    El síndrome del estudiante 50
    Integración de tareas 51
    Multitasking 53
    Los atrasos se transfieren, los adelantos no 55
    La solución 57

3. Procesos para la planificación 61
    Iniciando el proyecto 62
    Planificando el proyecto 65

4. **Cadena Crítica para la planificación** **95**
    Gantt, PERT y camino crítico: técnicas antiguas 95
    La programación de Cadena Crítica 101
    Las iteraciones en la Cadena Crítica 118
    Impacto en los procesos de planificación 124
    Consideraciones finales...125

5. **La gestión de buffers**..**127**
    Los indicadores tradicionales 130
    En busca de los indicadores correctos 137
    El consumo de los buffers..140
    Los indicadores de Cadena Crítica 143
    Primero lo importante, luego el resto 146
    Ejemplo integrador 148

6. **Gestión humana** **169**
    ¿Se puede hacer *gestión humana*? 169
    El estado del proyecto 170
    Reuniones 172
    El trabajo del gerente de proyecto 173
    Motivación de los participantes del proyecto 177
    El permanente desafío creativo..179
    Proveedores, subcontratistas 180

7. **Experiencias y sugerencias** **181**
    Escenario 1: Tiene la autoridad para realizar el cambio 181
    Escenario 2: No tiene la autoridad para realizar el cambio 182
    Recomendaciones..187

Caso práctico de implementación..**197**

Preguntas frecuentes..**201**

AGRADECIMIENTOS

En mi caso, necesité mucha buena onda, *feedback*, críticas y esos contactos breves del estilo «che, ¿cómo vas con el libro?», para llevar adelante este proyecto y ¡terminarlo en fecha! Por eso es que le veo mucho sentido a esta sección, que hasta ahora me parecía algo de pura formalidad.

Al Project Management Institute (PMI) Capítulo Montevideo, en especial, a Mariana Caffarone, Gloria Folle, Daniel Mato, Karime Ruibal y Laura Toledo. Gracias por invitarme como conferencista a los congresos del PMI, organizar un taller para sus miembros y darme aliento a medida que escribía el libro.

A Eduardo Fleischer, mentor del PMI y director de OrbiPM. Gracias por ser tan buena persona, de las que da sin pedir nada a cambio porque cree que es lo correcto.

Gracias a todos los que me han brindado sus comentarios permanentemente vía email mientras escribía el libro, y disculpen aquellos que lo hicieron y olvidé nombrarlos aquí. Cecilia Blanco, Juan Buonafina, Ana Burgos, César Camargo, Álvaro Chamorro, Emilio Contreras, Carlos Crosta, Jimmy Cuadra, Baldomero Fernández, Virginia García, Jerónimo Giraldo, Arturo Mendoza, Alicia Muñoz, Nicolás Pintos, Alejandra Reyes, Rafael Silgado, Norman Tate, Tatiana Timón, Álvaro Viroga.

A Roger Carlos Ramírez, presidente del PMI Capítulo Santa Cruz, Bolivia, por darle a este proyecto una fecha de entrega al invitarme como conferencista el 21 de noviembre de 2013 y recordarme amablemente lo siguiente: «Raúl, me prometiste traer el libro».

A Adriana Steinhardt, Gladys Tanco y Eduardo Villemur por darme la oportunidad de trabajar con ellos y escribir los testimonios que figuran en la contratapa.

A Pablo Añón, por sus aportes al libro, en especial al capítulo VI sobre gestión humana.

A Álvaro Rodríguez por la generosidad de compartir y escribir para el libro la implementación que junto a mi socio, Pablo Añón, hicimos con American Chemical cuando él era director.

Quiero aprovechar esta oportunidad para dejar expreso agradecimiento a varios amigos que me han apoyado a lo largo de estos años, como clientes y como críticos, y han aportado a mi desarrollo profesional: Nicanor Comas, Gabriela García, de Comas Arocena, Silvia Mercader, Alejandro Puei, Jorge Soler, Roberto Puñales, Fernando Galup, de Aluminios del Uruguay, Eduardo Gularte, de Transur, Saul Goldenberg, Julio Pastorín, de UTE, Gabriel Pisciotano, de la Facultad de Ingeniería, Gastón Labadie, Cecilia Bello y Luis Silva, de la ORT, Carlos Delfino, de Steinhardt, Gonzalo Carrau, Jorge Izquierdo, Sebastián Harreguy y Ernesto Cardozo, de Ancap, Pepe Vázquez, de Nodum, Néstor Pazos, de American Chemical, Gustavo Vignoli y Eduardo de Freitas, de Agadu, Mónica Correa, Silvia Angelero y Alicia Cuba, de Antel... Y a todos mis alumnos de la Facultad de Ingeniería, de la Universidad ORT y de los cursos que he dado en estos últimos diez años en varios países de Latinoamérica, de los cuales he aprendido mucho.

Y a muchos otros que saben de mi gran aprecio y alta distracción. Sé que todos de alguna forma están en mi *buffer de recuerdos*.

PRÓLOGO

Estimados lectores, es un honor dirigirme a ustedes para recomendarles la lectura de este libro. En sus páginas el autor presenta la importancia de la disciplina en la gestión de proyectos desde las primeras hojas, donde comparte la idea de que las organizaciones son un proyecto desde su inicio, y analiza las causas de su fracaso.

El libro está redactado de una forma muy personal, de modo que le llegará a las personas, en especial a los directores y profesionales en dirección de proyectos, expresando la exposición del prestigio personal del jefe de proyecto, cuáles son sus retos, las dificultades y cómo proceder.

Desarrolla la gestión de la incertidumbre a través de metodologías ágiles, en especial la metodología de *Cadena Crítica*, y hace una exposición de fácil comprensión.

A lo largo del libro vemos cómo el autor remarca la importancia del aporte para la mejora de los proyectos que el Project Management Institute (PMI) ha realizado, y la relación que establece con este, dado que la metodología de Cadena Crítica fue desarrollada sobre una base sólida de buenas prácticas de gestión de proyectos, como son los procesos de la guía del PMI. Asimismo, encontramos ejemplos de gestión de proyectos desarrollados en Uruguay en la actualidad, por primera vez analizados.

Es de destacar la relación que el autor señala entre Descartes y la práctica de gestión de un proyecto; su corolario de la visión cartesiana es: «La manera de terminar un proyecto a tiempo es tratar de terminar cada tarea a tiempo».[1] El autor obliga a zambullirse en este concepto de *terminar el proyecto a tiempo*, y plantea que la primera consecuencia o efecto de la aplicación de esta práctica la encontramos en la manera en que las personas estiman las duraciones de las tareas.

---

1 Doctor Eliyahu Goldratt. Programa Vía Satélite, 1999 (N. del A.)

La práctica común convierte las estimaciones en un compromiso. Es entonces entendible que al calcular los plazos las personas traten de incluir el mayor tiempo adicional posible, y esto causa que la protección o tiempo adicional que incluimos en las estimaciones sea bastante generosa… Pero el autor nos propone el siguiente cuestionamiento: si cada tarea tiene un tiempo de protección generoso, ¿por qué la mayoría de los proyectos terminan tarde o fuera del plazo?

Entonces nos plantea los beneficios de gestionar los proyectos con la metodología de Cadena Crítica. Pareciera que, mágicamente, los proyectos dirigidos con esta metodología tienen una probabilidad muy alta de terminar en el plazo establecido, se realizan más rápido que con metodologías convencionales y sus directores sufren menos estrés… ¡Y demuestra que no es mágico!

Es un libro claro, con ideas que refuerzan las conclusiones arribadas por el autor, lo que genera que el lector avance en su comprensión y aprendizaje con total facilidad. La forma en que resume las conclusiones al final de cada capítulo y adelanta lo que encontraremos en el capítulo siguiente, atrae al lector a continuar sin interrupciones.

He disfrutado y aprendido de los conceptos, definiciones y ejemplos tomados del Uruguay que aquí se presentan, por lo que los invito a seguir leyendo este libro.

Mis felicitaciones al autor.

Cra. Mariana Caffarena Bolívar
PMP, Presidenta
Project Management Institute , Capítulo Montevideo Uruguay

INTRODUCCIÓN

En el año 1997, terminando mi carrera de ingeniería, un amigo de estudio me recomendó para trabajar en una empresa de fabricación de envases metálicos. Él iba a dejar ese trabajo para realizar un emprendimiento personal y le pareció que me haría muy bien salir del mundo del estudio y conocer el trabajo en la empresa, en este caso, en una fábrica metalúrgica.

La situación de la empresa no era buena: despidos permanentes, bandos peleados por todos lados y el futuro cercano parecía ser el cierre. Tuve la suerte de que el gerente de planta hubiese conseguido un par de meses para intentar hacer un cambio, y yo entré como su ayudante. Me dijo: «Lee estas fotocopias y ayúdame a implementar estas ideas». Eran las fotocopias del libro *La meta* del doctor en física Eliyahu Goldratt (1947-2011).

Hicimos exactamente lo que decía el libro y en pocos meses la mejora fue de tal magnitud que la empresa pasó a ser rentable y se vendió a capitales extranjeros. Mi jefe fue nombrado gerente general y yo, gerente de planta.

Desde ese entonces he dedicado gran parte de mi vida profesional a entender y a aplicar en las organizaciones la metodología que desarrolló el doctor Goldratt, conocida como *Teoría de Restricciones* (TOC por sus siglas en inglés: Theory of Constraints).

A partir de 1999, me entrené con grandes referentes en el mundo de TOC, como William Dettmer, y con el propio doctor Goldratt y su instituto en México. Una de las aplicaciones de TOC que más me atrapó desde el inicio fue la de *gestión de proyectos con Cadena Crítica*. Durante estos últimos catorce años he asesorado a decenas de empresas en Latinoamérica y capacitado a miles de personas, y puedo asegurar (mis clientes también) que los resultados que se logran son muy buenos.

Unos años atrás me puse en contacto con la comunidad del Project Management Institute y descubrí y aprendí mucho más sobre la gestión de proyectos, lo que potenció las implementaciones de Cadena Crítica. Desde entonces he tenido el honor de ser invitado como conferencista en los congresos anuales del PMI en Uruguay, Paraguay, México, Argentina y Bolivia.

POR QUÉ Y PARA QUÉ ESCRIBIR ESTE LIBRO

Porque me gusta enseñar. Lo hago desde los 18 años; en ese entonces, dando clases de matemáticas, y hoy en día enseñando a gestionar organizaciones en las carreras y posgrados de la Facultad de Ingeniería de la Universidad de la República (Udelar) y en el MBA de la Universidad ORT. Y este libro está encarado de esa manera, como si estuviera dando un taller.

Porque funciona. Por supuesto, no todos los proyectos que he gestionado o asesorado en su gestión cumplieron con las famosas 3 P (plazo, presupuesto y prestaciones), pero sí fueron bien evaluados por los principales interesados. Este éxito no lo logré en otras aplicaciones empresariales en donde tuve muchos triunfos, pero también algunos golpes.

Porque tengo algo interesante que decir. Me han convencido muchas de las personas a las que he capacitado y que han trabajado conmigo estos años.

Por último, lo más importante: para qué. Para expresar de otra manera mi agradecimiento a todos aquellos que me dejaron aprender y consolidar esta manera de gestionar los proyectos en sus empresas, y volcar lo que aprendí durante estos años. Espero que al finalizar la lectura haya logrado que incorpore algunos de estos conceptos a la gestión de sus proyectos.

Me encantaría recibir sus comentarios, críticas, sugerencias y preguntas a mi correo: <rbianchi@grupotruput.com>.

ESTRUCTURA DEL LIBRO

Está estructurado de la siguiente manera:

En los primeros capítulos se profundizará en los aspectos y modos de operar que es necesario cambiar. Se verá cómo la visión cartesiana o detallista genera los mecanismos actuales de desperdicio de las protecciones que el proyecto tiene contra la incertidumbre. El objetivo de estos dos primeros capítulos es que el lector comprenda cada uno de los mecanismos de desperdicio, por qué se generan y cómo interactúan negativamente con las características inherentes de los ambientes de proyectos. Se pretende sentar las bases del cambio que propone la metodología de Cadena Crítica, qué cosas se deben cambiar y no hacer más, para beneficiarse de todo el potencial de la solución.

En los capítulos 3 y 4 se explicará el proceso de planificación de Cadena Crítica. Para una mejor comprensión, se presentarán los fundamentos de la visión sistémica e integral de TOC y cómo esta se aplica a la gestión de proyectos. Al final de estos capítulos el lector habrá visto qué procesos y pasos seguir para obtener un plan de proyecto con una probabilidad muy alta de cumplir con el plazo, presupuesto y prestaciones prometidas.

El capítulo 5 está dedicado a la ejecución y control del proyecto. Cuál es el papel y responsabilidades del gerente de proyecto y su equipo, cómo establecer las prioridades y gestionar los imprevistos que ocurren durante la ejecución. Cómo mantener el foco y el control de todo el proyecto sin tener que estar en el detalle de cada una de las tareas. Qué indicadores se deben utilizar para medir el avance y fijar las prioridades.

A lo largo de los capítulos 3, 4 y 5 utilizo el mismo ejemplo para aplicar los conceptos desarrollados y favorecer la comprensión.

El capítulo 6 aborda la gestión humana dentro del proyecto. Cómo motivar y dirigir a los participantes para asegurar su colaboración. Se presentarán diversas herramientas que hemos probado y desarrollado a lo largo de estos años. Este capítulo está escrito por el ingeniero Pablo Añón, con quien fundamos Grupo Trúput (y trabajamos juntos desde que tengo memoria). Le pedí a Pablo que lo escribiera pues es un tema en el que tiene grandes habilidades y *expertise* (constantemente está investigando y desarrollando ideas).

Finalmente, el libro termina con algunas recomendaciones para la puesta en práctica: cuáles son las principales lecciones que he aprendido durante estos años de gestionar proyectos, cómo preparar el entorno, cuáles son los principales obstáculos que se presentan y cómo evitarlos o resolverlos adecuadamente.

Como destaque final, se incluye un caso de aplicación contado por el señor Álvaro Rodríguez, un exitoso emprendedor uruguayo, exdirector de American Chemical, que trabajó con Grupo Trúput en la implementación de la metodología a la gestión de proyectos de su empresa.

En un apartado al final de este libro se encuentran las preguntas frecuentes que coleccioné en estos últimos años, durante las capacitaciones y conferencias que di sobre el tema.

INTRODUCCIÓN A LA GESTIÓN DE PROYECTOS

Podemos decir que las organizaciones son un proyecto desde sus inicios. Surge una idea de negocio, hay un *sponsor*, un inversor, un grupo de interesados y un equipo que quiere llevar adelante la idea e implementarla. Con metodología o no de gestión de proyectos, se crea la empresa y comienza su vida, comienza a operar. Durante la vida de la empresa, en las etapas de crecimiento la gestión de proyectos se vuelve cada vez más relevante para su éxito. Aparecen oportunidades, amenazas, nuevas ideas, y para aprovecharlas es necesario hacer cambios importantes. Por ejemplo, aumentar la capacidad para atender más demanda, actualizar la tecnología para proteger o blindar el producto o servicio que la empresa ofrece (manteniendo un costo adecuado), incrementar las ventas en un nuevo segmento de mercado, o adaptarse a normas ambientales, entre muchas otras.

Para las empresas cuya actividad principal o *core business* no es la gestión de proyectos, es difícil encontrar dentro de ella este *expertise*, por lo que en la mayoría de los casos se opta por elegir alguien dentro de la organización para que lidere el proyecto. Este patrón se repite en gran número de empresas y los resultados que se obtienen son bastante malos. Proyectos que exceden por mucho el presupuesto y el tiempo, es lo habitual. La gestión de proyectos es sin duda un área profesional donde se encuentran muchos trabajadores haciendo lo mejor que pueden con poco soporte metodológico. En estos años he asesorado a diversas empresas en las cuales, en la mayoría de los casos, hay ingenieros dirigiendo los proyectos, cuya formación en la gestión de proyectos básicamente era la que les estaba dando la práctica (en la Udelar, en particular en la carrera de ingeniería, no hay una asignatura que enseñe sobre la gestión de proyectos. En alguna materia de investigación operativa se ven algunos conceptos muy teóricos sobre la construcción de redes y el camino crítico).

Pero ¿qué ocurre en las empresas donde su *core bussines* sí son los proyectos? ¿Los resultados son diferentes? Es probable que sean un poco mejores, pero distan mucho de ser aceptables. En estas organizaciones es más común ver personas con algún entrenamiento en proyectos o certificación como la que da el PMI. Pero los resultados siguen siendo malos.

Veamos a nivel mundial qué está ocurriendo. Para ello, tomé dos estudios de la organización The Standish Group. Ubicada en Boston, Massachusetts, es una organización líder en proyectos de IT (Information Technology). Fue creada en 1985 con el objetivo de recolectar información real de las fallas y errores en la gestión de proyectos, para protegerlos y brindarles un conocimiento colectivo superior.

Uno de los reportes importantes es el Chaos Report. Veamos los resultados de las investigaciones publicadas en 1995 y 2009.

Figura 1.1 The Chaos Report, 1995

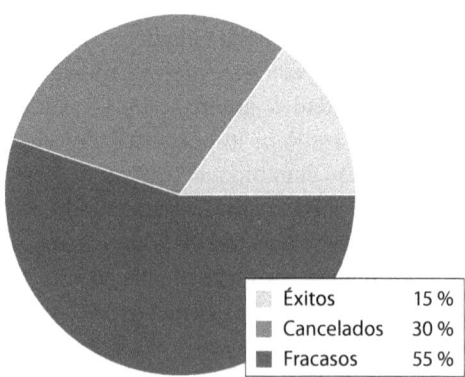

Se entiende por éxitos aquellos proyectos que cumplen con las promesas originales de plazo, presupuesto y prestaciones (3 P). Fracasos son los proyectos que fallan en una, dos o las tres P. Cancelados, los que no terminaron y fueron abortados por algún motivo.

En el reporte de 1995, de cada 100 proyectos solo 15 cumplían con las 3 P, o sea, eran exitosos. Del resto, 30 eran cancelados y 55, fracasos. Imaginen la cantidad de esfuerzo y dinero que se desperdicia en esta área profesional, y aún así es necesario continuar realizando proyectos. Veamos el reporte del 2009, donde hubo casi quince años para mejorar los resultados: de cada 100 proyectos, solo 30 cumplían con las 3 P. Del resto, 25 eran cancelados y 45, fracasos. Hay una leve mejora respecto a 1995, pero del universo de proyectos un 70 % sigue siendo un fracaso.

Figura 1.2 The Chaos Report, 2009

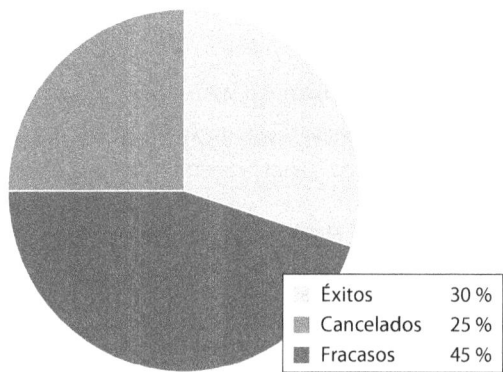

¿**Por qué los resultados son tan malos?** En estos últimos treinta o cuarenta años se ha generado gran cantidad de conocimiento y se han creado organizaciones en el ámbito de proyectos. Por mencionar algunos, en 1969, en Estados Unidos, el PMI, que promueve la gestión profesional de proyectos, genera conocimiento y certifica a los profesionales en diferentes áreas. El PMI es muy conocido por la elaboración de la guía de los fundamentos para la dirección de proyectos (PMBOK Guide), considerado como una de las herramientas fundamentales en la profesión de Project Management. En 1989, se crea Prince en el Reino Unido. El enfoque está basado en procesos para la gestión de proyectos, proporcionando una metodología de gestión a medida y fácilmente escalable para la gestión de todo tipo de proyectos. El método es el estándar de facto para la gestión de proyectos en el Reino Unido, y se practica en todo el mundo. En 1995, Microsoft lanza al mercado el Microsoft Office Project y a partir de ahí muchas empresas de software desarrollan soportes informáticos para la gestión de proyectos.

Los resultados siguen siendo tan malos porque los esfuerzos de mejora están concentrados en reducir o eliminar la incertidumbre. Esto no es posible, está en el camino opuesto a la esencia misma de los proyectos. Si pudiera quitarle la incertidumbre a un proyecto, no sería un proyecto, sería una operación, algo así como una tarea repetitiva. No por eso hay que despreciar todo el conocimiento, los manuales y las estandarizaciones generados en esta área. Pero hay que tomarlos y usarlos con cuidado, como lo veremos en el desarrollo de este libro.

PROYECTOS EN URUGUAY

Uruguay no escapa a los resultados que vimos anteriormente. La gran mayoría de los proyectos, como es de esperar, son un fracaso o se cancelan. Por la relevancia del momento, y la cantidad de información disponible, veremos los resultados y algunos detalles de dos proyectos actuales: el corredor Garzón y el Hotel Casino Carrasco. Desde el punto de vista de la gestión de proyectos, el segundo presenta una serie de características que lo hace atractivo para el análisis, por lo cual se abordará con más detalle.

El corredor Garzón

Primera etapa del proyecto marco Sistema de Transporte Metropolitano, tiene como objetivo mejorar la conectividad interzonal, la fluidez y la seguridad del tránsito de personas y mercaderías, y la eficiencia del sistema de transporte colectivo de pasajeros.

Figura 1.3 El corredor Garzón

En el proyecto del corredor Garzón, de las 3 P no se cumplió con ninguna. Se lleva gastado 40 millones de dólares y el presupuesto era de 31 millones. La promesa de entrega fue para mayo del 2012, y se inauguró con muchos problemas en diciembre del 2012. En el plazo, el desvío fue de 7 meses en 18, o sea, un error del orden del 40 %. En cuanto a las funcionalidades o requisitos de los usuarios, no tengo elementos para medirlo, más allá de la cantidad de quejas y ruido de los usuarios, validado por los comentarios y acciones correctivas del *sponsor* del proyecto. En una entrevista a la intendenta de Montevideo Ana Olivera, esta reconoció que la obra realizada en la calle Eugenio Garzón presenta varios problemas que aún no se han logrado solucionar. Además de comentar la remoción de un director, agregó: «¿Acaso está mal reconocer que uno se equivocó en algo?».

El Hotel Casino Carrasco

Se comenzó a construir en 1912. Dos años después se suspendieron las obras, que fueron asumidas en 1915 por la Intendencia de Montevideo. Abrió sus puertas el 29 de enero de 1921.

Figura 1.4 Hotel Casino Carrasco en el año 1921

- 1997. La Intendencia Municipal de Montevideo (IMM) cierra el hotel y convoca a una licitación para trabajar en su reacondicionamiento.
- 2000. El hotel fue entregado a la empresa Carmitel el 12 de mayo.
- 2006. La IMM anuncia la rescisión del contrato.

Hasta aquí tenemos un ejemplo de proyecto que resulta cancelado. Si bien hizo mucho ruido en Uruguay , un conocedor de los resultados mundiales en la gestión de proyectos hubiera dicho antes de empezar que había un 30 % de chances de que el proyecto se cancelara. O sea, de cada tres intentos de remodelación, uno se cancelaría. Es lo que pasa en el mundo. ¿Por qué habríamos de esperar en Uruguay algo mucho mejor?

Veamos el segundo intento de remodelación. Recuerde los resultados que se dan a nivel mundial, un 50 % de chances de fracaso y solamente un 25 de éxito. Como ya tuvimos una cancelación, sería poco probable una segunda, pero también sería poco probable un éxito. Lo más razonable es esperar un proyecto demorado, fuera de presupuesto y alcance.

- 10 de noviembre de 2009. Fuente: *El Espectador*. Fragmento de una entrevista de Juan Andrés Elhordoy de *El Espectador* a Guillermo Arcani, director ejecutivo de Carrasco Nobile, la empresa concesionaria del Hotel Casino Carrasco:

Con la resolución municipal adoptada ayer, el consorcio adjudicatario tiene 10 días para depositar la garantía que asciende a 7.500.000 dólares. Desde el momento del depósito, Codere-Sofitel va a disponer de cuatro meses para elaborar el proyecto ejecutivo que marcará el camino de las obras que se van a realizar en el viejo edificio.

JAE. Para la concreción de este proyecto se arranca desde la licitación, que tiene, obviamente, un montón de pautas que ustedes incluyeron. Compitieron, ganaron, porque la Intendencia le adjudicó la concesión a esta iniciativa, y ahora arranca este proyecto ejecutivo. ¿Qué implica?

GA. Según los pasos que establece el pliego, en los próximos 10 días presentaremos la garantía del cumplimiento del contrato y posteriormente, a los cuatro meses, tenemos que presentar el proyecto ejecutivo para su aprobación por parte de la Intendencia. Una vez aprobado este, tenemos 30 días para comenzar las obras. Esos son los plazos establecidos en el pliego, los cuales estaremos cumpliendo. Arrancadas las obras, tenemos una duración máxima de 20 meses para inaugurar el hotel.

JAE. Si todo sigue como está planificado, ¿en qué momento estará operativo el nuevo hotel?

GA. Estaría en 26 meses desde ahora; sería a fines de 2011.

El dato que nos importa de esta entrevista es el plazo del proyecto: 20 meses a partir de la aprobación para comenzar, por parte de la Intendencia Municipal.

- 28 de octubre de 2010. Fuente: *El Observador*:

— Hotel Carrasco empezará su remodelación. La obra requerirá una inversión de US$ 60 millones. Este jueves a la hora 15 se firmará el documento que permitirá empezar las obras de renovación del Hotel Carrasco. De acuerdo con lo que informa la Intendencia de Montevideo (IM), en enero se pusieron en marcha los trabajos preparatorios del suelo, demoliciones y excavaciones. La recuperación del reconocido e histórico hotel de Montevideo fue adjudicada por licitación a la empresa Carrasco Nobile SA y, de acuerdo con lo previsto en la planificación, las obras se desarrollarán por alrededor de 20 meses. La inversión estimada para la refacción del hotel es de US$ 60 millones. La página web de la IM expresa que «el Sofitel Montevideo Casino Carrasco y Spa será un hotel de lujo que dispondrá de 116 habitaciones, restaurantes y sala de convenciones». El emprendimiento generará 250 puestos de trabajo en forma directa y otros 500 en forma indirecta.

Tenemos entonces el punto de partida: diciembre de 2010 (la empresa tiene 30 días para comenzar), el plazo: 20 meses, y el presupuesto: 60 millones de dólares. O sea, se debería haber inaugurado el Hotel Casino Carrasco en julio del 2012. Continuemos con los hechos:

- 3 octubre de 2011. Fuente: *El Espectador*:

La empresa Carrasco Nobile ya lleva invertidos unos 22 millones de dólares en la obra del Hotel Casino Carrasco que, según sus estimaciones, se encuentra en el 40 %. El plazo para la apertura del futuro cinco estrellas de la capital es el 20 de julio de 2012.

La importancia de esta información se debe a que es un muy buen ejemplo de cómo se realiza el seguimiento en los proyectos. El proyecto lleva gastado 22 millones, que sobre el total de 60 millones es aproximadamente un 40 %. El tiempo transcurrido es de 10 meses en 20, o sea, un 50 %. Con eso se concluye que el proyecto tiene un avance del orden del 40 % y que la fecha de finalización continúa siendo julio del 2012. Es tanta la certidumbre, que se fijó hasta el día: viernes 20 de julio. No se fijó el 19 pues el pronóstico decía que estaría nublado y con lluvias. Más adelante veremos que esta manera de realizar el seguimiento no sirve para nada más que calmar los nervios de alguien durante la ejecución del proyecto.

A partir de julio de 2012 empezaron las promesas de inauguración.

- 25 de julio de 2012. Fuente: *El País*:

El Hotel Casino Carrasco abrirá en primavera, anunció Guillermo Arcani, director ejecutivo de Carrasco Nobile SA —concesionario del hotel—, quien prefirió no dar aún una fecha exacta. Ayer se inauguró una muestra del hotel en la Intendencia.

Hasta el próximo 10 de agosto estará a disposición del público en el atrio de la comuna capitalina la muestra *Historia de un renacimiento - Recuperación del patrimonio del Hotel Casino Carrasco*, que es un «preanuncio de lo que va a ser la inauguración del hotel», indicó la intendenta Ana Olivera, según una nota publicada en la web de la Intendencia.

- 12 de diciembre de 2012. Fuente: El *Espectador*. Fragmento de la entrevista de Emiliano Cotelo a Guillermo Arcani, director ejecutivo de Carrasco Nobile.

EC. **¿Qué monto se terminará invirtiendo en la remodelación del Hotel?**

GA. Una inversión que originalmente, cuando lanzamos todo este proyecto, estimamos en el orden de los 60 millones de dólares, y va a terminar por encima de los 70 millones de dólares. Lo cual es una reafirmación del total compromiso que tuvimos en hacer esto al nivel que habíamos prometido hacerlo.

EC. **¿Cuándo abre el Hotel Carrasco? Porque la fecha se ha convertido en un gran enigma, se han manejado varias. Por ejemplo, usted había dicho a la prensa a comienzos de este año que para la primavera podría estar funcionando, pero eso no ocurrió. ¿Entonces?**

GA. La verdad es que tenemos un nivel de expectativa enorme, todos los que formamos parte del emprendimiento, y todos los montevideanos, y todos los uruguayos, en la reapertura. Estamos poniendo absolutamente todos los esfuerzos y todos los recursos humanos y económicos para que esto sea cuanto antes. Estamos en la fase final de trabajos, y la reapertura tiene que ser un momento de orgullo y festejo para todos. Sabemos que falta poco, hay que esperar unos días más, pero estamos poniendo todo lo que es necesario para que esto, que ya hoy es una realidad, se abra muy próximamente.

EC. **¿La fecha es anterior a fin de año?**

GA. No hemos fijado fecha todavía, pero si querés asumo el compromiso aquí contigo de que el día que tengamos el día exacto de apertura, lo anunciaremos por este programa.

Esta entrevista es muy jugosa para analizarla desde el punto que nos convoca: la gestión de proyectos. Analicemos el plazo y el presupuesto:

Plazo: ¡Al fin se ha aprendido a no dar promesas! Pero ¿cómo puede ser que estando a un año de la apertura se pueda dar una fecha con la precisión del día (viernes 20 de julio de 2012) y ahora que estamos a poquitos días no? La fecha de apertura se conocerá cuando esté pronto, quizás algún día antes. Tampoco es para ponernos dramáticos; el atraso es de 7 meses en 20. Por ahora es apenas un desvío del 35 %.

Presupuesto: Se dice que terminará por encima de los 70 millones, o al menos es lo que se sabe ahora. Es posible que empeore en estos últimos meses. Igualmente, este dato está dentro de lo previsible, un 20 % más de lo presupuestado. Pero según Guillermo Arcani esto es una reafirmación del total compromiso. ¿A qué compromiso se referirá? Al compromiso de retorno de la inversión de los inversores de este proyecto seguro que no. En general, al inversor le interesa el retorno de la inversión, o sea, cuánto ganará, y esto depende inicialmente del cumplimiento de las 3 P. Luego el negocio y cómo funciona dirá si la inversión fue buena. El inversor sabe que hay incertidumbre en el negocio, pero seguramente no quiere que la incertidumbre esté también en la previa, ¡en el proyecto!

La historia se complica aún más:

- 31 de diciembre de 2012. Fuente: *El Espectador*:

Carrasco Nobile recibirá multa por incumplimiento de plazos
El pliego estipulaba que la empresa concesionaria Carrasco Nobile tenía 20 meses de plazo para concretar las obras, que empezaron en enero del 2010, pero no fueron terminadas en fecha. Según la firma, los atrasos se deben a las inclemencias del tiempo y a los paros en la construcción.
De acuerdo al diario *El Observador*, Carrasco Nobile recibirá una multa por incumplimiento de plazos que puede ascender a varios miles de dólares por cada día de atraso.

Finalmente, en marzo del 2013 el hotel fue inaugurado, y fue una de las noticias más destacadas del panorama nacional.

Seleccioné este ejemplo pues por una parte es un proyecto muy importante en Uruguay, y por otra parte sirve para mostrar los resultados que ocurren en la gran mayoría de los proyectos. Este no es un caso especial, y para los que somos expertos en esta área no es algo que nos llame la atención, sino que es más bien esperable. Lo que hubiera llamado la atención, y hubiera sido fuente de estudio y referencia, es que se hubiera terminado en julio del 2012, gastando 60 millones y con las prestaciones establecidas.

Seguramente en pocos meses más ya nadie se acuerde del fracaso de este proyecto desde el punto de vista de su gestión y solo quede lo maravilloso de esta obra, el disfrute de verlo, apreciarlo y, por qué no, quizás alojarnos algunos días en él.

PROBLEMAS HABITUALES

Como vimos, los resultados de la gestión de proyectos a nivel mundial son malos. ¿Cuáles son las principales causas de estos pobres resultados? Dentro de las causas más comunes que se identifican como responsables de los atrasos en los proyectos están los asuntos que tienen que ver con el alcance, la disponibilidad de los recursos y las estimaciones en los tiempos de las tareas.

Alcance

Se entiende por *alcance del proyecto* todo el trabajo que debe realizarse para entregar el producto o servicio. Los requisitos provenientes de los *stakeholders* del proyecto son el principal *input* en la definición del alcance. Es muy común que durante la ejecución de los proyectos aparezcan solicitudes de cambios de varios tipos, como por ejemplo:

— Reclamos de los stakeholders: «A mí nadie me preguntó»; «yo dije que era necesario cumplir tal criterio y no se tuvo en cuenta». Cuando el director de proyecto no realiza una exhaustiva identificación de los requisitos de los stakeholders y no resuelve adecuadamente los conflictos que se presentan, estos aparecen en algún momento de la ejecución del proyecto. El precio o costo de los cambios se incrementa a medida que avanza el proyecto. En general, es menos costoso hacer un cambio en las etapas tempranas.

— «Ya que estamos…». En las etapas iniciales, cuando todavía parece que hay tiempo suficiente, es muy habitual enfrentarse a este tipo de solicitudes. En el transcurso de una tarea, el responsable nota que puede hacer algo mejor de lo que se había planificado y presenta la solicitud de cambio. Es habitual que este tipo de solicitudes sean más fácilmente aceptadas en las primeras etapas de los proyectos que en las últimas.

— Definiciones sobre el trabajo a realizar que se posterguen para la ejecución. Esto ocurre generalmente cuando vemos proyectos en los que algunas tareas están expresadas con los verbos *definir, diagnosticar, evaluar*. Ocurre muchas veces en que la presión por empezar los trabajos es importante y se dejan tareas con un alto grado de incertidumbre. Entonces el trabajo de definición se hace durante la marcha, y como resultado pueden aparecer requisitos importantes a satisfacer que insuman mucho más tiempo y recursos del estimado.

Disponibilidad de recursos

La disponibilidad de los recursos es otra de las principales causas a las que se atribuyen los incumplimientos de los plazos y presupuestos. La estructura de la organización de la empresa afecta la disponibilidad de recursos e influye en el modo de dirigir los proyectos. Las estructuras abarcan desde una estructura funcional hasta una estructura orientada a proyectos, con una variedad de estructuras matriciales entre ellas. Las características del tipo de estructura se muestran en el siguiente cuadro.

Figura 1.5 Influencia de la estructura de la organización

Características del proyecto	Estructura de la organización		
	Funcional	Matricial	Proyectizada
Autoridad Líder proyecto	Poca a ninguna	Limitada a moderada	Moderada a alta
Disponibilidad Recursos	Poca a ninguna	Limitada a moderada	Moderada a alta

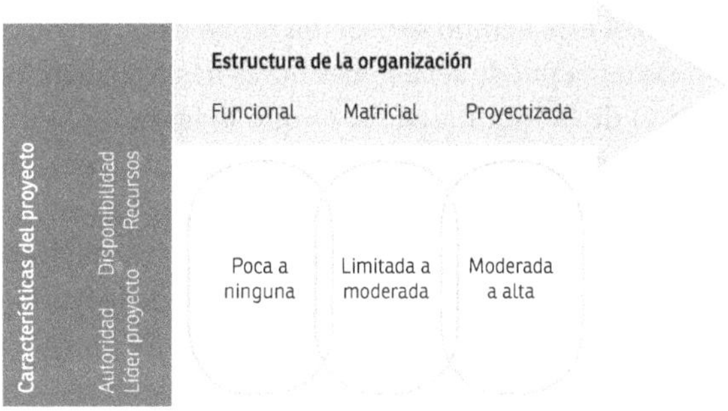

Sin embargo, aún en las que están orientadas a proyectos (en las cuales el director de proyecto tiene una gran autoridad y una dedicación completa, al igual que su equipo de trabajo), existen las disputas por los recursos. Estos en general no están asignados exclusivamente a un proyecto, sino que colaboran en varios o son proveedores que no están esperando cruzados de brazos a ser llamados. La situación se complica aún más cuando los recursos realizan demasiada multitarea (o *multitasking*). La multitarea se vuelve perjudicial cuando a los recursos no se les deja terminar una tarea y se les obliga a saltar a otra, y a otra, sucesivamente. En los ambientes en que ocurre este fenómeno, las prioridades muchas veces están determinadas por la presión (o tono de voz) del director de proyecto más necesitado del recurso.

En particular, el multitasking tiene un efecto muy perjudicial que se observa en la siguiente figura: supongamos que un recurso X tiene que trabajar en tres diferentes tareas para tres diferentes proyectos. En la figura se muestra una manera de administrar el recurso. Este trabaja en la tarea para el proyecto A hasta terminarla, luego en la tarea para el proyecto B y luego en la tarea para el proyecto C.

Figura 1.6 Recursos con multitarea

Tarea para el proyecto A	Tarea para el proyecto B	Tarea para el proyecto C	
10	20	30	Tiempo

Otra manera, muy habitual en las organizaciones, es que cada director presione para que el recurso trabaje en su proyecto: el recurso trabaja en la tarea del proyecto A, no hasta terminarla, sino hasta que es obligado a cambiar a la tarea del proyecto B, seguramente por la presión de su director. Nótese que el retomar una tarea implica un tiempo adicional que se requiere para recordar qué se estaba haciendo. A este tiempo se le llama *set-up* o tiempo de preparación, y dependiendo de la tarea puede ser de unas horas hasta algunas jornadas.

Lo más dañino de la multitarea no es que la tarea toma más tiempo de trabajo, sino que su tiempo total de entrega se alarga significativamente. La cantidad de trabajo efectivo es un poco mayor, pero el gran impacto está en el tiempo de entrega. Podemos ver una tarea cuya carga de trabajo fue de 20 horas, pero que se entregó en 20 días. En el ejemplo de la figura, el tiempo de entrega de la tarea del proyecto A y B se fue a más del doble. O sea que podían haberse entregado mucho antes y sin embargo se entregaron todas juntas y tarde. En los ambientes donde los recursos cambian de tarea en tarea constantemente, la gran mayoría de las tareas y, por ende, de los proyectos, se terminan mucho más tarde y se entregan casi todos juntos.

Figura 1.7 Recursos con multitarea perjudicial

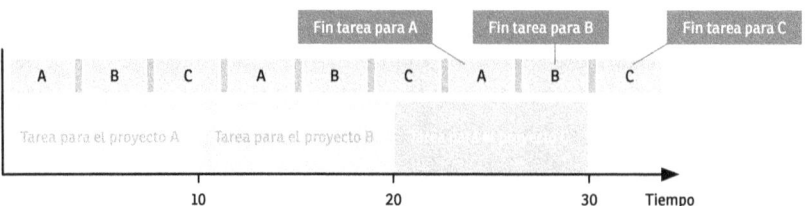

Estimaciones

Otro de los principales problemas a los que se responsabiliza de los malos resultados en la gestión de proyectos es la incertidumbre y el error en las estimaciones. Si las estimaciones fueran más precisas, entonces el proyecto tendría más probabilidad de terminar a tiempo.

Pedirle a un proyecto que sus estimaciones sean exactas, sin incertidumbre, es como tratar de encontrar una mejor manera de pronosticar la demanda de un producto o saber cómo será el clima la semana que viene. Imposible y, además, inútil. Nadie sabe lo que durará una tarea; es la característica de los proyectos: la incertidumbre. Ni siquiera en los proyectos donde una tarea similar se hizo varias veces. Tomemos por ejemplo la construcción y la tarea de levantar una pared de 30 m². La experiencia le dice al constructor que en promedio hacer esta tarea le ha llevado una jornada de 8 horas con 2 operarios. ¿Cuál es la probabilidad de que la siguiente pared de 30 m² se realice en una jornada? Muy cercana a cero. Por mencionar algunas de esas cosas que «nunca pasan», podría llover, faltar un operario, haber un paro de trabajadores, no estar los materiales necesarios, quedar fuera de especificación, etc. Es posible saber lo que pasó, pero no lo que pasará. La próxima tarea de levantar una pared puede tomar desde 4 horas a 7 días.

Sin embargo, a pesar de que todos sabemos que es imposible saber con precisión lo que tomará realizar una tarea, muchos de los esfuerzos de mejora van por este camino. Considero que dicho camino es un verdadero desperdicio de tiempo y de capacidades de profesionales que podrían estar aportando en otras áreas. La situación es peor aún cuando vemos que la manera de gestionar los proyectos está en esta línea. Le huimos a la incertidumbre y al caos, nos da temor y nos sentimos incómodos trabajando en un entorno poco predecible. Queremos estandarizar y tener todo cuadradito, cuando esa no es la solución.

Si exploramos con un poco más de detalle, notamos varios comportamientos y maneras de actuar en los proyectos que siguen esta línea. Tratar de que cada tarea se realice en el tiempo estimado es uno de ellos. La gran mayoría de los proyectos se gestiona bajo la premisa de que si se logra que cada tarea termine a tiempo, el proyecto terminará a tiempo. La premisa es cierta, pero la probabilidad de que se pueda cumplir es prácticamente nula. La única manera de que fuera posible cumplirla sería utilizando protecciones de tiempo muy grandes. Me refiero a que podría hacer un proyecto donde, con el objetivo de realizar cada tarea en el tiempo estimado, a cada estimación de tiempo se le agregue una protección de tiempo muy generosa, pero esto haría que el tiempo de entrega total, o sea, la promesa de tiempo del proyecto, lo deje fuera del mercado. Como se verá con más detalle en el capítulo 2, esta manera de gestionar los proyectos es la principal responsable de los malos resultados. No los temas de alcance, ni de recursos, ni de estimados, ni muchos otros con los cuales podemos hacer una lista interminable.

Esta manera de gestionar, «la manera de terminar un proyecto a tiempo es tratar de terminar cada tarea a tiempo», está presente en muchos de los procesos con los que se gestionan los proyectos. Por ejemplo, en la manera en que se evalúa el estado o avance del proyecto. Durante la ejecución, a cada responsable de la tarea se le pregunta cuánto lleva realizado. Con base en esta información y lo planificado originalmente, se determina cómo va el proyecto. Lo que suele ocurrir es que el responsable reporta un avance normal hasta que unos días antes de la fecha de finalización de la tarea revela las complicaciones. «Se complicó; estamos haciendo todo lo que está a nuestro alcance», «es probable que necesitemos más recursos»… Es muy común ver en los proyectos que el último 10 % es muchísimo mayor al 80 % del tiempo transcurrido hasta ese momento.

Otros culpables

Entre los organismos que realizan investigaciones sobre las causas de los atrasos en los proyectos, hay cierta coincidencia en que los más importantes son los que tienen que ver con el alcance, los recursos y las estimaciones. Sin embargo, la lista es muy grande y vale la pena recorrerla para que usted pueda identificar si también están presentes en sus proyectos:

— El involucramiento de los usuarios es bajo.
— El proyecto tiene poco respaldo gerencial.
— La autoridad del director de proyecto es muy limitada.
— Los proveedores son poco confiables.
— Existen atrasos en las compras de materiales e insumos.
— Las especificaciones no cumplen los criterios de calidad.
— Demasiadas tareas necesitan correcciones o retrabajo.
— Las prioridades entre los proyectos no están definidas.
— Hay pérdidas de días laborables debido al clima.
— Etcétera.

LA EXPOSICIÓN DEL PRESTIGIO PERSONAL

Antes de continuar con la respuesta sobre qué hacemos con todos estos problemas, quiero agregar otro que para mí es tan importante o quizás más que los anteriores. Me refiero al prestigio de las personas a las que les toca gerenciar un proyecto. En lo que he leído sobre la gestión de proyectos no he encontrado mucho sobre este aspecto. Sin embargo, en la práctica profesional es de las primeras inquietudes u obstáculos que se plantea la organización, sobre todo, el elegido. En general, a la persona a la cual se le encarga la dirección o liderazgo de un proyecto se le está dando dos tareas muy importantes. La primera es llevar adelante un proyecto del cual se espera un impacto positivo en la organización. La segunda, y quizás la más importante para él, es salir de esta aventura sin haber afectado en forma negativa su prestigio personal. Esto último se vuelve más importante en las organizaciones que no están dedicadas exclusivamente a proyectos, es decir que se toman para los proyectos a personas de otras áreas durante su tiempo de ejecución. La persona no solo debe llevar adelante el proyecto, sino que además no debe descuidar su área principal de trabajo, que es a donde regresará una vez terminada la aventura.

Considerando lo anterior, los antecedentes de la organización y los malos resultados mundiales en esta área de gestión, es lógico que las personas a las cuales se les da esta responsabilidad se planteen como objetivo salir lo menos heridas posible. Una manera de lograrlo es no haciendo muchas olas ni cambios, sino tratando de seguir la cultura y políticas de la empresa. Si el proyecto tiene los resultados mediocres normales de la organización, es más un tema global que particular; en cambio, si el director propone cambios importantes, los resultados le serán asignados directamente a él.

Complica aún más la situación de la exposición del prestigio personal el que son varios los que evalúan la ejecución de los proyectos. Por un lado está el *sponsor*, principal interesado e impulsor, que generalmente es el que autoriza y pone a disposición los fondos de dinero. Dentro del grupo de interesados, también llamados stakeholders, se encuentran diversos tipos de personas con distintos intereses que de alguna manera u otra se ven impactados por el proyecto. Algunos serán los usuarios, otros, los proveedores, los clientes, etc. Todos ellos de alguna manera evaluarán el proyecto y a su director. Suponiendo que este director tenga suerte y su proyecto sea uno de los que se encuentran dentro del 30 % que cumplen con las 3 P, para cuidar su prestigio personal deberá hacer además una excelente gestión de este grupo tan amplio.

Quizás sea por esto que a menudo se ven algunos comportamientos en los directores de proyecto que, a mi entender, empeoran y perjudican la gestión. Algunos de ellos son:

- Cubrirse o agregar demasiada protección. Esta es una línea extremadamente peligrosa. El protegerse más en cada aspecto del proyecto no hace que esté más protegido. Por algo los proyectos que nunca se terminan son los que no tienen fecha de finalización, o sea, los que tienen protección infinita.
- Buscar el compromiso de los demás para el cumplimiento de las tareas en el tiempo estimado. Este comportamiento es también muy nocivo. Si damos por válido el punto anterior, si los integrantes del proyecto sienten que serán medidos por el cumplimiento de un estimado, se protegerán contra los imprevistos, lo que perjudicará globalmente el proyecto.
- Dedicar tiempo a identificar y a avisar en forma constante sobre posibles causas fuera de su área de control a las que pueda hacer culpables del fracaso del proyecto, en caso de entenderlo necesario.

Y no podemos culparlos. Se les pide que sean responsables de un cambio importante para la organización, en un área donde seguramente no tienen *expertise* y donde los resultados mundiales son pésimos. No alcanzando con eso, su desempeño será juzgado por decenas de personas, los stakeholders, y, para darle un broche de oro, es muy probable que su asignación de tiempo no sea completa pues además tenga que seguir haciendo su trabajo rutinario. Es claro que la mayoría de las personas no se ponen contentas con este tipo de ofrecimiento dentro de las empresas, pues saben que tienen mucho que perder. Quizás lo más importante que se puede ver afectado es su prestigio personal.

ENFOQUES DE MEJORA

¿Qué se ha hecho en estos últimos veinte o treinta años para mejorar los resultados? ¿Qué enfoques o líneas de mejora se están desarrollando? Principalmente, encontramos dos: por un lado, están aquellas que buscan reducir la incertidumbre, y por otro, las que tratan de manejarla y sacar provecho de ella.

El enfoque de *reducción de la incertidumbre* busca mejorar todos los procesos de proyectos y quitarle al máximo su variación o incertidumbre. Para ello identifica los procesos, los estandariza y constantemente busca mejorarlos a partir de los errores cometidos. Busca reducir al máximo la variabilidad de cada proceso para obtener un resultado final predecible. Algunos de los procesos en los que se dedica mucho esfuerzo a minimizar la variabilidad o incertidumbre son la identificación y gestión de los stakeholders, la recolección de los requerimientos, la construcción de la estructura de desglose del trabajo (WBS, por Work Breakdown Structure) y la estimación del tiempo de las tareas, entre otros. Organizaciones internacionales como Prince y el PMI están abocadas a la estandarización de los procesos para la gestión de proyectos, proporcionando una metodología de gestión a medida y fácilmente escalable para la gestión de todo tipo de proyectos. Certifican a las personas en distintas áreas o roles dentro de la gestión de proyectos, como por ejemplo la certificación PMP (Project Management Professional) del PMI.

Mi opinión es que este enfoque de mejora ha dado ya lo que puede. Y lo que nos ha enseñado y brindado a los que gestionamos proyectos es muy valioso. Lo veo como una condición necesaria para la siguiente mejora, la cual nos debe permitir que más del 90 % de los proyectos termine en plazo, presupuesto y prestaciones.

El otro enfoque de *gestión de la incertidumbre*, a diferencia del anterior, asume que la incertidumbre existe, que no se puede reducir a cero y que por lo tanto hay que gestionarla y sacar provecho de ella. Entiende que hay una relación importante entre el comportamiento humano en los proyectos y la utilización de las protecciones que usan para enfrentar los imprevistos. Trabaja con el hecho de que a medida que nos alejamos del presente, perdemos el foco, y nuestras acciones y comportamientos no son los mejores para el proyecto. Opera con el supuesto de que en el momento en que a una persona se le dice que tiene que hacer una tarea en determinada cantidad de días (X días), automáticamente se convierte en una autoprofecía. De inmediato empiezan a darse comportamientos muy humanos, como «tengo tiempo» o «ahora tengo otras cosas más importantes que hacer». Esto hace que la tarea se termine, en el mejor de los casos, en X días, o más tarde cuando surgen imprevistos.

Las metodologías ágiles creadas en la década del ochenta son un ejemplo de trabajo en la línea de gestión de la incertidumbre. El desarrollo ágil de software es un método de ingeniería de software basado en el desarrollo iterativo e incremental, donde los requerimientos y soluciones evolucionan mediante la colaboración de grupos autoorganizados y multidisciplinarios. Los ciclos que se realizan son muy cortos (en el entorno de 30 días), las reuniones de seguimiento son muy breves (máximo, 60 minutos) y se realizan diariamente. Se busca la velocidad, la rapidez, y se aprende y mejora a medida que avanza el proyecto. El equipo de proyecto tiene que ir logrando objetivos en muy corto tiempo. Es imposible que alguno de sus integrantes piense o se comporte de manera tradicional. Las metodologías ágiles tienen un éxito importante en la gestión de proyectos de tecnología de información (IT por sus siglas en inglés) y es una herramienta que está evolucionando constantemente. Entiendo que en este desarrollo y aprendizaje hay dos puntos en los que no hay consenso, y por lo tanto mucho por ganar. Uno de ellos es el campo de aplicación. Una de las primeras cosas que dicen los conferencistas a los que he visto exponer sobre este tema en Latinoamérica, es que «las metodologías ágiles no son solo para proyectos de software». El hecho de aclarar este punto me hace recordar el dicho «no aclares que oscurece». ¿Por qué es necesario que cada expositor sobre las metodologías ágiles haga esta aclaración? Sumado a esto, cuando comentan sus proyectos exitosos, todos son relacionados al área de software o IT.

El otro punto está en la estandarización de los procesos. ¿Hasta dónde seguir los procesos y los estándares del enfoque de la reducción de la incertidumbre? ¿Se debe realizar y documentar cada uno de los procesos que se sigue? Este es otro punto de conversación entre los expertos y los practicantes de esta metodología.

Siguiendo con el enfoque de la gestión de la incertidumbre, está la *metodología de Cadena Crítica*, desarrollada por el doctor Goldratt, creador de la Teoría de Restricciones: TOC. Se trata de una manera distinta de gestionar las organizaciones. Postula que el máximo desempeño que puede lograr una organización está dictado por su restricción y, por lo tanto, si uno quiere manejar el sistema y no que el sistema lo maneje a él, debe identificar esa restricción y operar en función de ella. La aplicación de estos conceptos a la gestión de proyectos es lo que se conoce como Cadena Crítica o Critical Chain Project Management (CCPM). Los buenos resultados que se logran hacen que su crecimiento en el mundo sea exponencial. Organizaciones como las Fuerzas Armadas de EE. UU. (el Ejército, la Marina y la Fuerza Aérea), que tienen una enorme influencia en la industria por su gran poder económico, emplean Cadena Crítica. El PMI la ha incorporado rápidamente en su guía de estándares: el PMBOK Guide. En Uruguay, empresas como Aluminios del Uruguay, Ecoflex, American Chemical y UTE la utilizan para gestionar los proyectos. La Facultad de Ingeniería de la Udelar la enseña desde hace más de diez años, y la ORT ofrecerá un programa ejecutivo en gestión de proyectos con Cadena Crítica.

El uso de la metodología de Cadena Crítica está teniendo un crecimiento exponencial en el mundo y al mismo tiempo un continuo proceso de mejora y desarrollo (por ejemplo, si ponemos «Critical Chain» en el buscador de Google, encontraremos cientos de miles de resultados). Miles de profesionales están implementando y aportando al cuerpo de conocimientos de la metodología de Cadena Crítica. Algunos de los aportes son mejoras y otros, a mi entender, no tanto, pues pierden la línea conceptual y vuelven al paradigma detallista de tratar de reducir la incertidumbre en todos lados. Sin embargo, sobre los fundamentos principales que dieron origen a este desarrollo hay un consenso bastante amplio entre los practicantes. Es por eso que considero oportuno comentar en la introducción el análisis que realizó el doctor Goldratt, y que dio origen a la metodología de Cadena Crítica.

LOS ORÍGENES DE CADENA CRÍTICA

TOC es un enfoque de gestión empresarial. Es internacionalmente reconocido por el desarrollo de una nueva filosofía de gestión empresarial. Con más de treinta años, TOC es una manera de gestionar organizaciones mundialmente probada, adoptada por miles de organizaciones y reconocida por los buenos resultados que se logran.

Uno de sus postulados fundacionales es que el máximo desempeño de los sistemas, en particular, las organizaciones empresariales, está determinado por muy pocos elementos: las restricciones. Esta es una declaración bastante contraintuitiva. Suponemos que al ser las empresas cada vez más complejas debido a las interconexiones e influencias entre sus partes, deberían ser muchos los elementos que determinan su máximo desempeño posible. Sin embargo, justamente esa elevada interacción entre sus partes hace que las organizaciones se conformen de manera tal que son muy pocos los elementos que inciden en su máxima *performance*. Es vital conocer cuáles son las restricciones de la empresa. Ellas determinan el logro o resultado, y si podemos gestionarlas, entonces realmente estaremos manejando la empresa. Por supuesto que la empresa puede estar funcionando por debajo de su máximo actual. La primera misión que debemos encarar es la de hacerla operar de modo que dé su máximo en las condiciones actuales.

¿Cuál es la restricción o punto de apalancamiento en el ambiente de la gestión de proyectos? ¿Cómo la identificamos? Primero debemos partir de los síntomas o problemas. A pesar de que cada proyecto es único y no hay uno igual a otro, los problemas que ocurren son siempre los mismos y sobre los cuales ya hablamos en este capítulo. Una idea central de TOC es que si un problema persiste en el tiempo es porque hay un conflicto de fondo que impide resolverlo. Identificar el conflicto y las creencias o supuestos alrededor de él es el primer paso para la resolución del problema. El doctor Goldratt hizo este análisis para cada uno de los problemas habituales en la gestión de proyectos (como los que vimos en los puntos anteriores) y encontró un patrón común o repetitivo que los abarca a todos. En el siguiente diagrama vemos el problema o conflicto medular.

Figura 1.8 Conflicto medular de la gestión de proyectos

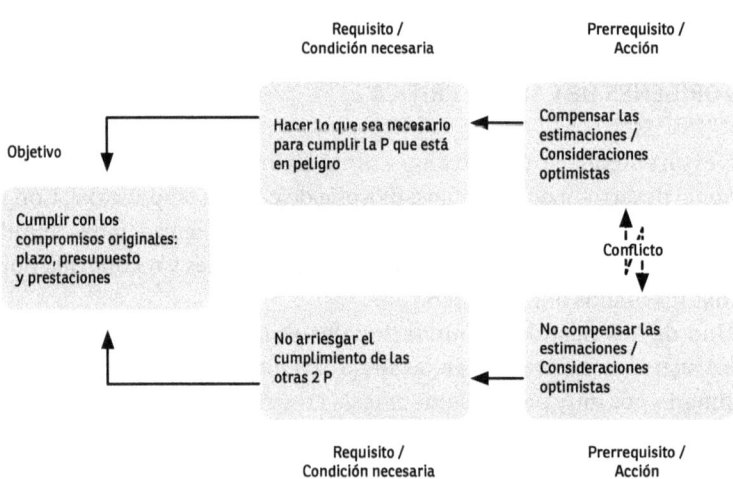

El objetivo es cumplir con los compromisos originales, o sea, las 3 P. Para lograr el objetivo es importante que al surgir imprevistos que pongan en peligro el cumplimiento de una de las P, rápidamente tomemos acciones para corregirlos. Por otro lado, las acciones que tomemos no pueden poner en peligro a las otras 2 P, y de ahí es que surge el conflicto.

Por ejemplo, supongamos que un proveedor se atrasa con la entrega de un insumo. Este atraso pondrá en peligro la P de *plazo*, por lo que será necesario, una vez que lo entregue, recuperar el tiempo perdido. Esto lo puedo lograr incorporando más capacidad de trabajo, lo que cuesta y pone en peligro la P de *presupuesto*; o recortando contenido, lo que afecta la P de *prestaciones*. En cualquiera de los dos casos, estoy afectando alguna de las otras 2 P, lo que me presionaría a no recuperar el tiempo perdido. El conflicto está en recuperar o no el tiempo perdido por el atraso del proveedor.

Para el doctor Goldratt, los conflictos, siempre que exista un objetivo común, tienen una solución del tipo ganar-ganar. Para encontrarla es necesario primero identificar los supuestos o creencias que soportan la lógica del conflicto. Una vez identificados, basta con encontrar una manera de invalidar algunos de ellos para romper la lógica de necesidad y poder satisfacer el objetivo y ambas condiciones necesarias simultáneamente.

Figura 1.9 Creencia o supuesto erróneo

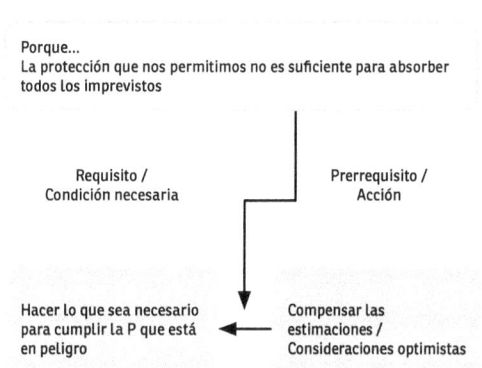

En el diagrama vemos que para «hacer lo que sea necesario para cumplir la P que está en peligro» es preciso «compensar las estimaciones / consideraciones optimistas» porque «la protección que nos permitimos no es suficiente para absorber todos los imprevistos».

El doctor Goldratt afirma que el supuesto o creencia de que «la protección que nos permitimos no es suficiente para absorber todos los imprevistos» es falsa. En la gran mayoría de los proyectos las protecciones que hay son suficientes; el problema está en que se desperdician. La manera tradicional de gestionar hace que las protecciones se desperdicien a lo largo del proyecto. ¿Cómo? La respuesta corta es: por el modo actual de gestionar los proyectos: «La manera de terminar un proyecto a tiempo es tratar de terminar cada tarea a tiempo». Este modo actual de operar es el responsable de que las protecciones se desperdicien y de que los proyectos terminen sacrificando el plazo, el presupuesto y las prestaciones.

La solución desarrollada por el doctor Goldratt parte de la base de que no hay que poner esfuerzos en terminar cada tarea a tiempo. Justamente, el tratar de recorrer esa línea genera comportamientos y maneras de actuar perjudiciales para el proyecto. El modo de operar, que sustenta la metodología de Cadena Crítica, está basado en las siguientes reglas:

— Las estimaciones no se deben convertir en compromisos.
— Las protecciones deben ser globales y no locales. Lo importante es proteger el proyecto como un todo, y no cada tarea.
— Los imprevistos deben absorberse con amortiguadores de tiempo, los que fijarán las prioridades durante la ejecución.

En los siguientes capítulos se explicará la solución desarrollada por el doctor Goldratt, cada una de estas reglas en detalle y cómo se aplican a la gestión de un proyecto.

EL DESPERDICIO DE LAS PROTECCIONES

LA PRÁCTICA COMÚN DE GESTIÓN

La conclusión del análisis que el doctor Goldratt hace de la problemática de la gestión de proyectos establece que la causa principal por la cual se desperdician las protecciones a lo largo de la ejecución del proyecto se debe a la siguiente práctica de gestión: «La manera de terminar un proyecto a tiempo...».

Veremos primero qué significa esta práctica y cómo validamos su existencia en la gestión de proyectos. Luego, la lógica de causa y efecto por la cual a partir de esta se desperdician las protecciones y los resultados en la gestión de proyectos son tan malos.

Para entender los orígenes de esta manera de gestionar, les propongo hacer un viaje imaginario a La Haya durante el siglo XVI, donde nació un gran filósofo, matemático y físico francés, considerado el padre de la geometría analítica y de la filosofía moderna, así como uno de los nombres más destacados de la revolución científica: René Descartes.

Descartes formuló el célebre principio *cogito ergo sum* («pienso, luego existo»), elemento esencial del racionalismo occidental. Una de las características del racionalismo es la existencia de un método matemático para regir la doctrina. Ese método involucra algunas reglas:

— Intuición primera o evidencia. No admitir como verdadero nada, a no ser que se sepa con evidencia que lo es. Descartes decide no precipitarse y no admitir como certeza nada más que aquello que se presente como idea clara y distinta en su mente, sin duda de ningún tipo.

— Análisis. División de las dificultades que se examinan en toda su extensión, dividiéndolas en átomos de conocimiento.
— Síntesis. Conducción ordenada de los pensamientos, empezando por los objetos más simples para ir ascendiendo gradualmente hasta llegar a otros más complejos.
— Comprobación. Realizar comprobaciones y cálculos concretos con el fin de asegurar la validez o certeza de los procedimientos utilizados.

Estas reglas, aplicadas al mundo empresarial, se pueden interpretar como que el todo es igual a la suma de las partes. Si tengo un sistema complejo, difícil de entender, puedo lograr un mejor entendimiento subdividiéndolo en partes o elementos más simples.

Un ejemplo sencillo de la aplicación de este modelo es, por ejemplo, una empresa que para optimizar su gestión primero se subdivide conceptualmente en varias plantas, jefaturas, supervisores, para luego establecerle a cada uno objetivos e indicadores. Otro ejemplo claro es un organigrama tradicional donde hay un área financiera, una comercial, recursos humanos, operaciones, logística, etc. Es necesario manejar la complejidad de los sistemas, y qué mejor manera de hacerlo que subdividiéndolos hasta llegar a partes más sencillas de gestionar.

Este modelo tiene sus ventajas y desventajas. No se puede negar el aporte fundamental al desarrollo de la ciencia moderna y base conceptual de la Revolución Industrial. Sin embargo, hoy (algunos cientos de años luego del nacimiento de Descartes) las organizaciones han evolucionado y cambiado. Esa visión cartesiana o analítica funcionó muy bien para entender y gerenciar sistemas simples, donde las interrelaciones eran pocas y se podían entender claramente por las relaciones de causa y efecto. Hoy nuestras organizaciones son más complejas, a veces a tal punto que las relaciones de causa y efecto sirven para explicar lo que pasó, pero no para predecir el comportamiento futuro. Es muy probable que exista un orden dentro de la complejidad o caos, pero no somos capaces de entenderlo a priori. En este tipo de sistemas, la visión cartesiana o analítica no es de gran aporte. Descomponer el todo en sus partes y tratar de manejar u obtener lo mejor de cada una seguramente es una mala manera de gestionar el sistema.

La práctica de gestión «la manera de terminar un proyecto a tiempo...» es sin duda un corolario o derivación de la visión cartesiana. Como un proyecto es un evento muy complejo, qué mejor que dividirlo en partes para gestionarlo adecuadamente. Si logro descomponerlo en partes pequeñas, a las que entiendo mucho mejor y les puedo asignar con más certidumbre los recursos necesarios, materiales y hasta un responsable, voy por buen camino.

Tuve la suerte de asesorar a una de las empresas más grandes del Uruguay en un proyecto muy complejo desde el punto de vista de la ingeniería, de varios meses de plazo, millones de dólares de presupuesto y cientos de personas involucradas. En las entrevistas iniciales con el líder del proyecto, este me mostró parte del trabajo de planificación que estaban realizando. El cronograma en ese momento contaba con más de 500 tareas. La línea, hasta ese momento, había sido la de especificar las tareas al máximo nivel de detalle. De esa manera, los encargados, al estimar los tiempos, tendrían poco margen de maniobra y se los podría hacer responsables de que se hicieran cargo de cumplirlas en el tiempo estimado. Este es un ejemplo en donde vemos la práctica en acción. Se procura un profundo nivel de análisis y detalle a nivel de tarea. Una vez logrado, se supone que es más sencillo asignar los recursos, estimar un tiempo y buscar un compromiso para su cumplimiento. También nos permite ver la lógica detrás de esta visión analítica. Si divido el sistema en subsistemas más fáciles de comprender y medir, le puedo exigir al responsable de esa parte el cumplimiento de ciertas metas o indicadores. O sea, esta práctica actual y muy común de gestión divide el trabajo del proyecto en la mayor cantidad de tareas posibles, le asigna los recursos y tiempo para estimar el plazo, y el presupuesto para luego tratar de ejecutarlo controlando rigurosamente que cada *partecita* se realice según lo planificado.

Otra situación en la que notamos esta manera de gestionar es que tanto en la planificación como en el control y monitoreo del proyecto hay una gran dedicación de esfuerzos a la estandarización y mejora de cada subproceso. Por ejemplo, el PMI, en la quinta edición del PMBOK Guide, ha identificado 47 procesos para la gestión de un proyecto. Sugiere que para obtener el plan de proyecto es importante desarrollar el acta de constitución del proyecto, identificar a los interesados, recopilar requisitos, definir el alcance, crear la estructura de desglose del trabajo (EDT), definir las actividades, secuenciarlas, estimar los recursos, estimar su duración, desarrollar el cronograma, estimar los costos, determinar el presupuesto, planificar la calidad, desarrollar el plan de recursos humanos, planificar las comunicaciones, planificar la gestión de riesgos, identificarlos, realizar el análisis cualitativo de riesgos, realizar el análisis cuantitativo de riesgos, planificar la respuesta a los riesgos y planificar las adquisiciones… ¡Uf, pensé que nunca terminaría esta lista! Escribí estos procesos (no todos) para poder ver otro ejemplo de la práctica en acción. Cada partecita está estandarizada, y sobre cada una de ellas hay guías extensas de cómo hacerla. Sin duda, se trata del enfoque de mejora que comenté en la introducción, basado en la reducción de la incertidumbre en cada parte. Este enfoque está perfectamente alineado con el modelo cartesiano «si divido el proyecto en partes más simples y le quito la incertidumbre a cada parte, entonces el proyecto no tendrá incertidumbre y por lo tanto será un éxito».

De ninguna manera estoy sugiriendo que se deben dejar de utilizar algunos de los procesos recomendados por el PMI. Lo que hay que tener claro es que el gran salto de mejora que necesitamos no viene por el lado de seguir optimizando estos procesos, que en mi opinión ya son suficientemente buenos para el nivel en que estamos. Sí tenemos que identificar qué procesos soportan y dan fuerza a la práctica común «la manera de terminar un proyecto a tiempo...», para desarticularlos y cambiarlos por nuevos.

Las reuniones de seguimiento de proyectos son otro ejemplo de validación de esta práctica de gestión. Reuniones largas y aburridas en donde la mayor parte del tiempo las personas justifican por qué se atrasaron y cómo los problemas se originaron en otro lado. Esto ocurre por esa presión que ponemos en que cada tarea se termine a tiempo. Si una persona solicitó y negoció 10 días y 10.000 dólares para hacer su tarea, sabe algunas cosas como que:

— Dentro de esos 10 días tiene suficiente protección para los imprevistos, por lo que quizás no tenga mucho apuro para comenzar a máxima velocidad.
— Mientras no hayan transcurrido los 10 días, nadie lo presionará mucho. Alcanzará con que, cuando le pregunten por el estado de la tarea, informe un avance más o menos correspondiente a los días transcurridos, para que no lo fastidien más.
— En caso de que tenga suerte y no haya demasiados imprevistos, es conveniente asegurarse y hacer mucho mejor el trabajo que decir que terminó antes o utilizó menos dinero. De lo contrario, la próxima vez le recortarán sus estimaciones.
— A los 10 días le caerán con todo el peso de la ley a preguntarle si la tarea está terminada.

Vemos que la práctica es la responsable de que mientras se esté dentro del tiempo comprometido no haya mucha presión. También ocurre a menudo que cuando se acerca la fecha comprometida se trabaja muchísimo. Si entonces aparecen los imprevistos, se activa el mecanismo para encontrar los argumentos y culpables necesarios para justificar el incumplimiento. Terminar una tarea en un tiempo mayor al establecido es malo para el proyecto como un todo, o al menos así se deduce de la práctica común.

Hay decenas de otros ejemplos que validan que la práctica común usada en la gestión de proyectos es «la manera de terminar un proyecto a tiempo...».

Lo que quiero ver ahora son las consecuencias. Qué comportamientos perjudiciales genera y alimenta esta manera de gestionar que, sumado a ciertas características propias de los proyectos, hace que las protecciones se desperdicien durante su ejecución.

IMPLICANCIAS DE LA PRÁCTICA COMÚN DE GESTIÓN

La primera consecuencia o efecto de la aplicación de esta práctica la encontramos en la manera en que las personas estiman las duraciones de las tareas. Lo primero que vemos en las reuniones en donde el líder de proyecto negocia las fechas con los responsables de su ejecución, es que a estos últimos les cuesta mucho dar una estimación. Las primeras respuestas son del estilo, «uhmm, tengo que pensar», «dame un poco más de tiempo», «es difícil, pues... ». Pero la insistencia del líder de proyecto o jefe del recurso responsable de ejecutar la tarea hace que al final se dé un estimado de tiempo. Si esa estimación es aceptable, se registra para luego usarla en la creación del cronograma; si no, se negocia y se presiona para obtener una estimación de tiempo menor.

El poco entusiasmo y las distintas y creativas maniobras de las personas para tratar de no dar una estimación se debe a que *la práctica común convierte las estimaciones en un compromiso*. Durante la ejecución parece que nos olvidamos de lo que significa estimar y operamos como si las estimaciones no tuvieran incertidumbre. Si un recurso estableció que la estimación de tiempo para ejecutar una tarea es de tres semanas, a las tres semanas de comenzado su trabajo más vale que lo haya terminado. Sabe que si no está terminada la tarea, su evaluación no será buena. Pasará a la lista de las personas poco confiables, que no cumple con su palabra. Es entonces entendible que al estimar los tiempos las personas traten de incluir dentro de este la mayor protección o tiempo adicional posible. No demasiado, porque quedarían en evidencia, pero tampoco lo justo, pues si algo sale mal no podrán cumplir y su evaluación se verá afectada.

¿Cuánta protección o tiempo adicional incluimos en las estimaciones? Ante una pregunta difícil, la respuesta de un consultor, como es mi caso, siempre es: depende. Y es cierto que depende en mayor o menor grado de algunas variables como qué tan inexperto se es en este campo, qué tan grande es el castigo, qué tanta incertidumbre hay en la tarea, el nivel de la multitarea en la organización, etc.

Basado en mi experiencia, les puedo decir que en general se incluye entre un 50 % y un 100 % de tiempo adicional. Esto quiere decir que si dada una tarea, existe una probabilidad razonable de realizarla en 10 días, el estimado que se dará estará entre los 15 y 20 días. Visto de otra manera, si la persona se imagina el trabajo, hace algunos cálculos y llega a la conclusión de que si las cosas salen relativamente bien lo puede terminar en 10 días, la estimación que dará estará entre 15 y 20. ¿Por qué? Porque en general las cosas no siempre salen bien en los ambientes de proyectos. Es la característica que los distingue de otros entornos. Las personas son conscientes de que pueden y van a ocurrir imprevistos. Al mismo tiempo, saben que serán medidas por el cumplimiento, por lo que sería una locura comprometerse a un tiempo basado en que las cosas salgan bien.

Enfocaré esta misma respuesta desde un punto de vista más científico. Cuando hablo de la probabilidad de terminar una tarea a tiempo, estoy entrando en el terreno estadístico, en el de las probabilidades. Dada una estimación de tiempo, quiero conocer las distintas posibilidades que tengo de poder realizarla en determinado tiempo. Por ejemplo, supongan que la tarea es abrir una página del diario y leerla. Podría decir que en 30 minutos tengo un 100 % de chances de lograrlo. En 1 minuto tengo muy poca chance, a no ser que justo abra una página con un aviso que la abarca en su totalidad. Entre 1 y 30 minutos tendremos un abanico de chances de lograrlo. Cuando graficamos estos resultados, vemos algo del estilo de la siguiente figura.

Figura 2.1 Distribución de probabilidad[2]

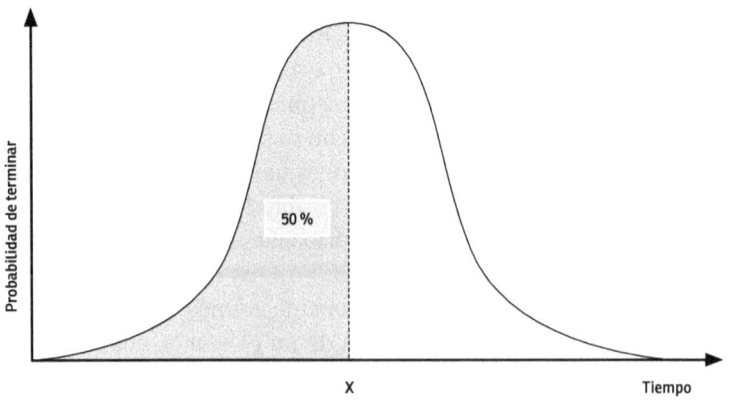

---

2   En estadística, conocida como la curva de Gauss (en honor a Carl Friedrich Gauss).

En el eje de las abscisas está el tiempo. Dado un valor de tiempo, el área determinada indica la probabilidad de finalizar la tarea en un tiempo igual o menor. Si la gráfica es tan linda y simétrica como la de la figura, diríamos que la probabilidad de hacer la tarea en un tiempo menor o igual a X es del 50 %. O dicho de otra manera, si hacemos la tarea 100 veces, es esperable que 50 veces se termine en un tiempo menor o igual a X.

Pensemos en el siguiente experimento. En el rubro de la construcción hay tareas que se realizan y repiten de manera frecuente, por ejemplo, hacer una losa de entrepiso en la construcción de un edificio. Una losa de entrepiso es un elemento estructural que compone una edificación. Son las placas de piso o entrepiso, es decir, donde uno se para. Por lo general, son de concreto reforzado, aunque en la actualidad hay gran variedad de materiales de acuerdo a las necesidades del cliente y del presupuesto. Supongamos que durante un período de tiempo recabamos una serie de medidas sobre la duración que toma hacer determinados metros cuadrados de losa. Los resultados recabados son:

Figura 2.2 Cuadro de registros (construcción losa de entrepiso)

Registro	Duración (días)	Observaciones
1	7	
2	5	
3	9	Llovió 3 días
4	12	Hubo un paro y faltaron materiales
5	6	
6	4	
7	5	
8	15	Llovió 3 días. Hubo un defecto de calidad (retrabajo)
9	9	
10	11	Faltas por enfermedad y problemas de abastecimiento

En el cuadro incluí algunas observaciones que utilizaron los responsables para explicar o justificar las diferentes duraciones. En general, todos en la construcción saben que hay días que llueve, otros en que los operarios se enferman, o que cuando van a trabajar no están los materiales. Lo increíble es que aún en el siglo XXI le llamamos a estas ocurrencias «imprevistos»... Dejemos la ironía y continuemos con el ejemplo. Transformando un poco estos datos, fórmula mediante, alguna simplificación y ayuda de la planilla de cálculo, llegamos a la curva de frecuencias y distribución de probabilidades que se muestra a continuación.

Figura 2.3 Gráfico I de probabilidad (construcción losa de entrepiso)

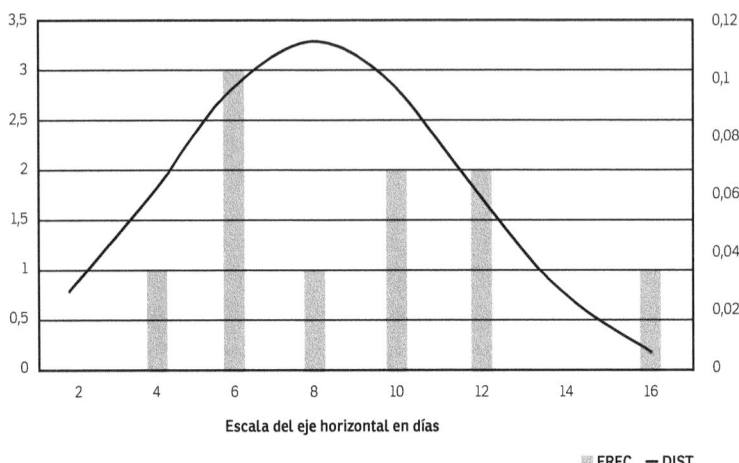

Observamos que aproximadamente la mitad de las veces la duración fue menor o igual a 8 días. O sea, el área de la gráfica que está comprendida entre 0 y 8 días es aproximadamente la mitad de su área total. Se puede decir entonces que la probabilidad de terminar en 8 días o menos es del 50 %.

UNA ESTIMACIÓN CON UNA PROBABILIDAD DE CUMPLIRSE MAYOR AL 80 % ESTARÍA EN EL ENTORNO DE LOS 12 DÍAS.

A los ingenieros a veces nos gusta complicar las cosas y es por eso que comentaré algo más sobre este tema de las probabilidades. Las gráficas que vimos aquí son de libro de estudio, sobre todo por la simetría casi perfecta. En la realidad, sabemos que no es así. Cuando hacemos una reunión de una hora, sabemos que es poco probable que lleve menos, hay una chance importante de que lleve una hora, pero hay también una buena chance de que tome hasta 2 horas o más. En las tareas donde hay un grado importante de incertidumbre, si queremos abarcar el 100 % de los casos tenemos que extendernos mucho en el tiempo. El gráfico de probabilidades es más parecido al siguiente.

Figura 2.4 Gráfico II de probabilidad (construcción losa de entrepiso)

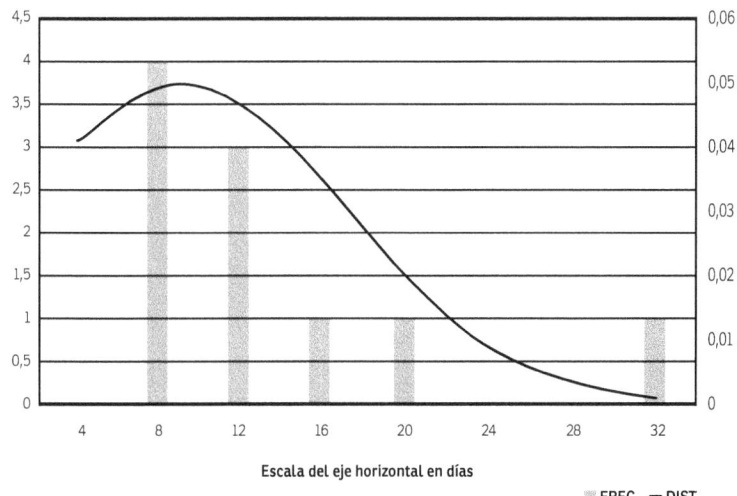

La media sigue siendo aproximadamente 8 días, pero si quiero dar una estimación con una probabilidad de cumplirse mayor al 80 %, no es del orden de 12 días, sino de 16. El 80 % de área del gráfico se obtiene en este caso para el valor de 16 días.

> UNA ESTIMACIÓN CON UNA PROBABILIDAD DE CUMPLIRSE MAYOR AL 80 % ESTARÍA EN EL ENTORNO DE LOS 16 DÍAS; EL DOBLE DE LA MEDIA.

Habíamos planteado la siguiente pregunta: ¿cuánta protección o tiempo adicional incluimos en las estimaciones? El sentido común, la experiencia y el enfoque matemático nos permiten concluir que las personas, al dar una estimación, se cubren entre un 50 % y un 100 % respecto a un tiempo probable pero poco posible de cumplirlo. Cuando dan una estimación, es razonable que sientan que tienen una alta probabilidad de cumplirla, mayor al 80 %. Este tiempo es generalmente el doble del que tendría un estimado con una probabilidad de cumplimiento del 50 %.

La primera implicancia de la práctica común es que las estimaciones se convierten en un compromiso y esto obliga a las personas a incluir el mayor tiempo adicional posible, para asegurase de poder ejecutar la tarea en ese tiempo.

Podemos concluir entonces que:

> LA PROTECCIÓN O TIEMPO ADICIONAL QUE INCLUIMOS
> EN LAS ESTIMACIONES ES BASTANTE GENEROSA.

Y además nos será muy útil para los próximos capítulos la siguiente observación:

> SI RECORTAMOS A LA MITAD UNA ESTIMACIÓN DE TIEMPO,
> LA PROBABILIDAD DE QUE SE REALICE EN ESE TIEMPO O MENOS ES DEL 50 %.

LOS MECANISMOS DE DESPERDICIO DE LAS PROTECCIONES

Validamos la existencia de la práctica común de gestión de los proyectos y vimos alguna de sus implicaciones. Una primera consecuencia es que *la práctica común convierte las estimaciones en un compromiso,* y esto causa que la protección o tiempo adicional que incluimos en las estimaciones sea bastante generosa. O sea, en la etapa de planificación cada tarea tiene un estimado de tiempo que incluye tiempo adicional importante. Si esto es así, surge una pregunta bastante obvia: ¿por qué si cada tarea tiene un tiempo de protección generoso, la mayoría de los proyectos terminan tarde o fuera del plazo inicialmente establecido?

En su análisis al entorno de la gestión de proyectos, el doctor Goldratt expuso lo que a su entender es el problema de fondo o medular, y la solución. Propone que para resolver el problema es necesario cuestionar una creencia o supuesto que hacemos y damos por válido. En el siguiente diagrama recordamos lo visto en el capítulo anterior, donde se expone la creencia que se da por válida y que el doctor Goldratt cuestionó.

Para «hacer lo que sea necesario para cumplir la P que está en peligro», tenemos que «compensar las estimaciones/consideraciones optimistas» porque «la protección que nos permitimos no es suficiente para absorber todos los imprevistos».

El doctor Goldratt cuestionó la respuesta a este porqué. Él afirmó que la protección que nos permitimos es suficiente; el problema está en que la desperdiciamos.

Figura 2.5 Supuesto del diagrama de conflicto

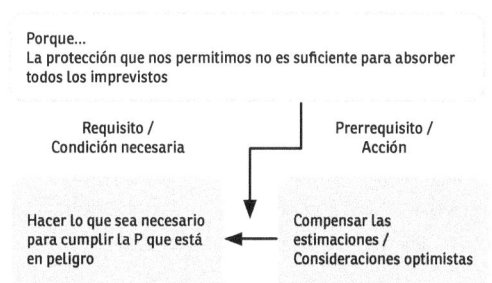

Quiero analizar el enunciado anterior en dos partes. La primera es la que se refiere a la protección que incluimos y si es suficiente. Vimos en el punto anterior que la protección o tiempo adicional que incluimos en las estimaciones es bastante generosa. Generosa no es sinónimo de suficiente, pero los invito a pensar lo siguiente: si cada tarea tiene un estimado bastante generoso, es razonable pensar que una gran cantidad de ellas puede terminarse antes de ese tiempo. También es esperable que haya otras tareas cuya ejecución se complique y necesiten todo el tiempo estimado, o incluso más. Sería esperable que estas se beneficien del tiempo ahorrado por las tareas que terminaron antes. Veamos este punto con un ejemplo sencillo.

Figura 2.6 Ejecución de tareas consecutivas

	Tarea 1	Tarea 2	Tarea 3	Tarea 4	Tarea 5	Tarea 6	Tarea 7	Tarea 8	Tarea 9	Tarea 10	
Estimación	10	10	10	10	10	10	10	10	10	10	100
Duración	9	8	10	14	6	9	8	8	18	9	99

La figura muestra 10 tareas consecutivas, todas con una estimación de 10 días. Cada una de las estimaciones tiene una probabilidad mayor al 80 % de terminar antes del tiempo estimado. O sea, es de esperar que de las 10 tareas, 8 se realicen en 10 días o menos y 2 de ellas tomen más de 10 días. El tiempo medio que esperaríamos es de 9 días, y una desviación entre 6 y 18 (recuerden que la gráfica se estira más hacia la derecha que hacia la izquierda).

Se simulan los resultados y se obtienen las duraciones para cada una de las tareas. Las tareas 4 y 9 llevaron un tiempo bastante superior al estimado. Estas tareas tomaron 14 días y 18 días respectivamente. El resto cumple con la duración media esperada de 9 días, con alguna pequeña variación. Lo interesante es ver el efecto en el conjunto. La duración total (99 días) es casi igual al tiempo total estimado (100 días). Esto ocurre porque las terminaciones tempranas se compensaron con las terminaciones tardías.

Este es el análisis de la primera parte del enunciado del doctor Goldratt: «La protección que incluimos en los proyectos es suficiente...». Veamos la segunda parte, que es un poco más atrevida: «... el problema está en que la desperdiciamos».

Espero que a esta altura también se estén preguntando por qué si la protección o tiempo adicional que incluimos en las estimaciones de cada tarea es bastante generosa, los proyectos no terminan a tiempo. ¿Por qué no se da el efecto que vimos en el ejemplo anterior, en el cual los adelantos se compensan con los atrasos? La respuesta a esta segunda parte es un poco más extensa, por lo que haré un resumen para luego desarrollarlo.

La figura muestra la respuesta a esta interrogante en un esquema:

Figura 2.7 Desperdicio de las protecciones

La práctica común «la manera de terminar un proyecto a tiempo...» genera y alimenta dos comportamientos perjudiciales: el *síndrome del estudiante* y la *ley del Parkinson*. Estos dos comportamientos, sumados a características propias de los proyectos como son la integración de tareas y los recursos con multitareas, hacen que se desperdicien las protecciones incluidas en las tareas.

A continuación veremos en detalle cada uno de estos puntos que acabo de mencionar y que aparecen en el cuadro resumen: el síndrome del estudiante, la ley del Parkinson, la integración de tareas y los recursos con multitarea o multitasking.

LA LEY DE PARKINSON

Es un fenómeno muy estudiado y conocido que establece que *el trabajo se expande hasta ocupar todo el tiempo destinado a su realización*. Ocurre que existe una tendencia habitual de dosificar el esfuerzo de realización de una tarea teniendo en cuenta el tiempo asignado. Si disponemos de tres semanas para hacer un trabajo, de modo más o menos inconsciente establecemos el nivel de esfuerzo y el contenido de la tarea para que nos lleve las tres semanas fijadas. De esta manera, si no hay circunstancias extraordinarias, el trabajo se entrega o se da por terminado en el plazo fijado, por consiguiente, empleando toda la protección que se disponía para este trabajo, aunque no haya habido motivos reales para hacerlo. Así la protección se consume en su totalidad.

La situación se torna catastrófica cuando efectivamente surge un inconveniente real cerca de la entrega y ya no queda tiempo de protección: la realización de la tarea se demoró, la protección involucrada se empleó en la totalidad y aun así no fue suficiente.

En ocasiones, la tarea podría terminarse, digamos, en el correr de la segunda semana de las tres previstas. Pero en vez de declararla como finalizada, empleamos el tiempo asignado en revisiones redundantes y en el agregado de detalles innecesarios, «adornos». ¿Por qué si la tarea se terminó antes del plazo establecido no la entregamos cuanto antes y esperamos a hacerlo muy cerca del plazo asignado? ¿Qué nos ocurre si luego de haber negociado con firmeza el plazo de la tarea en tres semanas, entregamos el trabajo cerca de las dos semanas? Perdemos credibilidad y corremos el riesgo de que en las futuras negociaciones por plazos nos exijan mucho más por tener antecedentes de *exageración*. Entonces, para prevenir este inconveniente presentamos el trabajo terminado muy próximo al cumplimiento del plazo que se había establecido, y de algún modo estamos comunicando que nuestras estimaciones siempre son serias y realistas, porque si decimos que nos llevará tres semanas, no erramos por mucho.

Con este fenómeno colabora el modo de gestión habitual en el que se establecen las fechas de inicio de las tareas. Entonces, ¿para qué voy a presentar mi trabajo con una semana de anticipación a lo dicho, si además de quedar como un exagerado paranoico cuando negociamos, el trabajo se detendrá de todas formas, pues quienes deben realizar la tarea siguiente recién la comenzarán dentro de una semana, cuando tienen establecido el inicio de su parte?

De este modo, no existe ningún incentivo para la entrega «temprana» y por lo tanto «el trabajo ocupa todo el tiempo disponible». (Parkinson, 1957)

A modo de adelanto, conviene establecer que una forma de controlar la ocurrencia de las consecuencias negativas de la ley de Parkinson es que el líder del proyecto monitoree el desarrollo de la tarea durante su transcurso, y que realmente no haya una fecha establecida para la terminación de las tareas. ¿Y eso cómo se hace? ¿Cuándo entregaré mi trabajo, si no hay una fecha para cumplir? ¿Cómo sabe el que debe continuar con el trabajo si no hay fechas? Todas estas cuestiones, y otras más, las iremos viendo más adelante.

EL SÍNDROME DEL ESTUDIANTE

Con este nombre se identifica a otro fenómeno que es muy habitual en las tareas de estudio. Es habitual observar que los estudiantes realizan poco esfuerzo al inicio del período que disponen para estudiar. Al percibir lejano el examen, se toman las cosas con mucha calma. Cerca de la fecha del examen es cuando se compensa la tranquilidad del inicio con jornadas muy largas, sin descansos. Algunos racionalizan este comportamiento estableciendo que estudian (o trabajan) mucho mejor bajo la presión de la urgencia de la fecha límite.

Ya en el ámbito laboral, este comportamiento tiene un riesgo muy importante, responsable de muchos desperdicios de protecciones. Como se comenzó la tarea con un ritmo bajo o moderado, si durante el sobreesfuerzo del final aparecen inconvenientes o dificultades no hay protección para absorber esa carga y la tarea se termina fuera del plazo.

¿Se puede trabajar con un ritmo parejo a lo largo de todo el proyecto y, por supuesto, a lo largo de cada una de las tareas? Sí, se puede. Pero hay que cambiar el modo general de gestionar los proyectos y los supuestos que sostienen el modo habitual o convencional de realizarlos.

Un elemento que podemos ir adelantando ahora y que facilita el control de este comportamiento —síndrome del estudiante— es la definición del concepto de tarea de un proyecto, que veremos con mayor amplitud más adelante. Si consideramos como tarea un trabajo cuya duración estimada es notoriamente considerable, es más fácil que los involucrados en su realización comiencen su ejecución con un ritmo moderado, pues perciben que hay mucho tiempo para hacer la tarea: «Ya habrá tiempo de acelerar», «no hay que enloquecerse, porque hay tiempo», «piano, piano si va lontano», «no me apuren si me quieren sacar bueno»…

Cuando se definen las tareas, debe tenerse en cuenta este aspecto y procurar que las duraciones sean relativamente cortas en relación a la duración total del proyecto y de las tareas habituales que realizan los responsables de estas. Las tareas que se perciben como muy largas, convocan a la aparición del síndrome del estudiante.

INTEGRACIÓN DE TAREAS

Me refiero en este punto a las tareas en los proyectos que tienen como precedencia un conjunto de tareas. No alcanza con que algunas de las tareas previas estén terminadas para que esta comience; es necesario que todas lo estén. Uno de los ejemplos que me tocó administrar fue el montaje de una planta de producción en la industria química, donde pueden hacerse pruebas individuales a las distintas etapas del proceso, quizás con fluidos alternativos como el agua, para ver la estanqueidad, la velocidad, etc., pero la prueba del conjunto con los reactivos necesarios no se puede realizar hasta que una gran cantidad de tareas están terminadas. Por un lado, alcanza con que una de las tareas sufra un inconveniente para que detenga el inicio de la prueba, y por otro lado está también la incertidumbre sobre lo que puede ocurrir, ya que en la prueba es donde realmente se valida la correcta ejecución de cada una de las tareas que confluyen.

Otro ejemplo es la implementación de un sistema de software como un ERP (Entreprise Resource Planning), donde habitualmente se instalan y en alguna medida se prueban distintos módulos como puede ser el contable, la producción, inventarios, ventas, pero la interacción o unión de todos ellos se realiza en una etapa final luego de que muchos de estos módulos fueron instalados y testeados de forma individual. Nuevamente, el lanzamiento o prueba requiere que todas las tareas previas estén prontas y la incertidumbre asociada es alta.

En este tipo de implementaciones es bastante habitual ver empresas que dejan de vender por un período importante, pues, por ejemplo, tienen problemas con la facturación y el sistema no les deja entregar el producto si no hay una factura asociada.

La dificultad que agrega esta particularidad en los proyectos no solo está en la incertidumbre de la integración, sino también en el inicio de esta. Basta con que una sola tarea previa se atrase para que todo su atraso impacte en el inicio de la tarea integradora.

En la siguiente figura se ve un ejemplo de integración. Sabemos por lo que vimos en el punto anterior que cada estimación de tiempo tiene una probabilidad alta de terminar a tiempo, superior al 80 %. Esto también nos dice que la protección o tiempo adicional que incluye cada estimación es bastante generosa.

Figura 2.8 Integración de tareas (probabilidad)

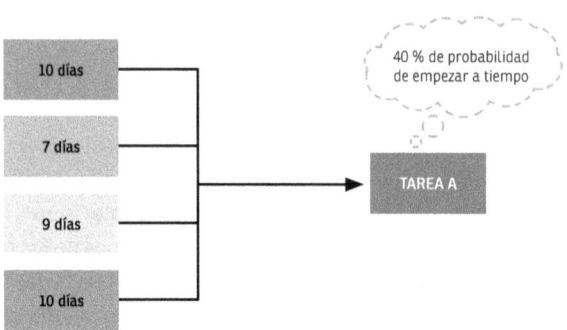

Para que la tarea A comience a tiempo, es necesario que cada una de las tareas previas termine a tiempo, y la probabilidad de que esto ocurra es de 0,8 * 0,8 * 0,8 * 0,8 = 0,4. O sea, del 40 %.

Otra manera de verlo es la siguiente. Volvamos a la figura, pero con los comentarios de los responsables acerca de cómo les fue en la ejecución de las tareas: el primero terminó 2 días antes; el segundo, en fecha; el tercero, 1 día antes; el cuarto se atrasó 5 días.

Figura 2.9 Integración de tareas (efecto de una demora)

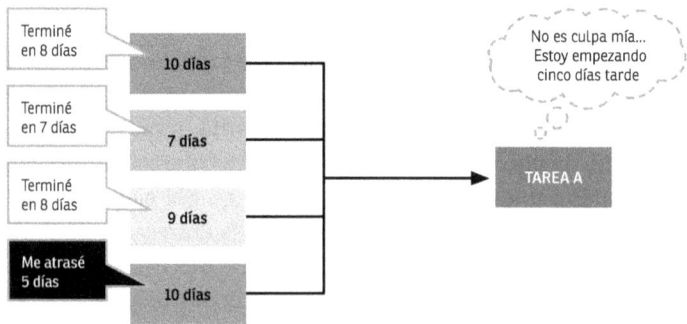

Si miramos al responsable de la tarea A, seguramente esté anunciando en todos lados que está empezando tarde por culpa de la tarea anterior. Y él tiene su tiempo, por el cual peleó y negoció, así que no le vengan a decir ahora que se apure. ¡Los platos rotos que los pagué el que los rompió!

Cuando esto ocurre, toda la protección que había en las tareas previas se desperdicia. O sea, los adelantos no se compensan con los atrasos. En la primera tarea había ganado 2 días, y en la tercera, 1 día; o sea, 3 días en total. Sin embargo, en la cuarta me atrasé 5 días, y exactamente estos 5 días es lo que se atrasa la tarea A en empezar.

La integración de tareas es una característica de los proyectos en donde:

> LOS ATRASOS SE TRANSFIEREN EN SU TOTALIDAD, PERO LOS ADELANTOS NO.

MULTITASKING

Se trata de la acción —o pretensión— de realizar varias tareas simultáneamente. Algunas personas se jactan de ser muy buenas en hacer al mismo tiempo varias cosas, y en efecto algunas lo hacen. Lo que ocurre es que no siempre la calidad de los resultados de esas tareas es satisfactoria.

Los estudios recientes del cerebro, en este fascinante conjunto de disciplinas que se engloban con el nombre de neurociencia, han establecido que efectivamente no estamos capacitados para realizar dos tareas en simultáneo. Desde el punto de vista de la atención, esta alterna —a gran velocidad, por cierto— entre las tareas de modo secuencial, pero no paralelo; por ello es que, por ejemplo, no es una buena idea manejar el automóvil y el teléfono al mismo tiempo. Este proceso es similar al que ocurre con el procesador electrónico de una computadora; parece que está realizando varias tareas al mismo tiempo, pero lo que hace es alternar rápido entre ellas. Desde hace algún tiempo hay disponibles computadoras que tienen varios procesadores y efectivamente pueden hacer trabajos simultáneos. A nivel humano, mientras no se le pueda poner otro cerebro adicional a las personas, la mejor forma de realizar varias tareas al mismo tiempo se conoce como *trabajo en equipo* o *distribución del trabajo*.

Podemos distinguir dos clases de multitarea: la buena y la mala. Por multitarea buena nos referimos a la acción de mantener con poco esfuerzo varias *pelotas* en el aire, como un buen malabarista; hacemos esta clase de multitarea cuando vamos viendo en el celular los correos entrantes mientras nos dirigimos a una reunión, o cuando almorzamos escuchando las noticias.

La mala multitarea es una conducta muy estresante que consiste en suspender la ejecución de una tarea que aún no hemos terminado para comenzar otra, la cual suspenderemos a su vez para volver a la primera o para comenzar una tercera, y así saltar de una tarea a otra, sin terminar ninguna y teniendo la percepción de que estamos avanzando de un modo eficiente.

La mala multitarea tiene un efecto nefasto en el ámbito de los proyectos. En muchos casos, es la causante de que si bien el tiempo de trabajo efectivo en la tarea es el estimado, la duración para su entrega es muy superior, pues cada interrupción (para hacer otra tarea) significa no solo la demora —pues no se está trabajando en la primera tarea—, sino que cuando se retoma esta tarea se desperdicia tiempo para volver a trabajar según las condiciones en las que se dejó. Es común ver que un trabajo que razonablemente se podría cumplir en una semana, debido a la acción de la multitarea se termina entregando a la tercera semana. También hay que notar que la mala multitarea es una fuente de problemas de retrasos y retrabajos, pues cuando se retoma luego de una interrupción, no todas las cosas continúan como estaban (¿en dónde estaba?, ¿qué estaba haciendo?, no estoy seguro de si hice esto o lo otro).

Otro efecto colateral de la mala multitarea es que debido a los atrasos luego se suscitan urgencias y apuros que a su vez provocan problemas de calidad, y estos requieren retrabajos que consumen más tiempo.

En algunas organizaciones se considera que la multitarea es una forma eficiente de gestión del tiempo y se incentiva, se alienta. Por otro lado, las personas que tienen alguna relación de dependencia o de servicio con varias otras, con el ánimo de complacer a todas le dan inicio a todos los trabajos para poder decirle a cada uno de los demandantes: «Ya estoy trabajando en su asunto».

En lo que concierne específicamente al trabajo intelectual o trabajo del conocimiento, todos los estudios al respecto indican que alternar de manera aleatoria entre varias demandas de atención tiene como resultado un enorme deterioro en los tiempos de ejecución de cada trabajo y una marcada disminución de la calidad de estos. Los mejores resultados se logran a través del trabajo concentrado en un asunto, con pausas programadas de descanso. Si esto no se puede lograr, la segunda mejor opción consiste en concentrarse en un trabajo hasta terminarlo o hasta que el avance dependa de alguna condición externa; en ese caso, como no se puede continuar avanzando personalmente, se puede realizar una pausa y tomar otro asunto, el que a su vez se procesará hasta terminarlo o hasta que sea imposible continuar. Cabe señalar que si se está realizando el trabajo B, que se inició debido a que el trabajo A tuvo que detenerse porque su avance dependía, por ejemplo, de un dato externo, debe seguirse con B hasta que no se pueda avanzar más. No debe detenerse el trabajo B porque llegó el dato que permitiría seguir con el A. Esta se continuará cuando se termine con B (o cuando sea imposible avanzar con B).

LOS ATRASOS SE TRANSFIEREN, LOS ADELANTOS NO

La práctica común de gestión «La manera de terminar un proyecto a tiempo...» hace que en las estimaciones incluyamos un tiempo adicional bastante generoso y a la vez que se conviertan en un compromiso. Compromiso que obliga a terminar la ejecución de la tarea en el tiempo establecido. Es tan malo terminar antes como después del plazo estimado. Si se termina antes, se da una imagen de cubrirse en exceso y la próxima vez la estimación será recortada. Si se termina tarde, se atribuirá la etiqueta de incumplidor, poco confiable. O sea que las personas están en una situación con una única salida: terminar la tarea en el tiempo establecido.

La incertidumbre es una constante en los proyectos; sabemos que en algún momento ocurrirá algo poco esperado. Por eso nos cubrimos con el mayor tiempo adicional posible. Pero ¿por qué si nos cubrimos en cada tarea no terminamos el proyecto a tiempo? Porque aparecen los comportamientos que acabamos de ver, los cuales son originados justamente por esta manera de gestionar los proyectos. Al inicio pensamos que tenemos tiempo suficiente (síndrome del estudiante), entonces no comenzamos al 100 %; a veces ni empezamos en la fecha de inicio establecida, ya que tenemos muchas otras cosas que hacer. Si sale todo muy bien, se aguantará la entrega de la tarea (ley de Parkinson) hasta que se cumpla la fecha de entrega, o sea, se utilice todo el tiempo estimado. Pero cuando ocurren los imprevistos —y si hay algo seguro en los proyectos es que ocurrirán—, ya no tendremos tiempo adicional para absorberlos y entregaremos tarde. Complica aún más la situación el hecho de que los recursos muchas veces saltan de tarea en tarea (multitasking) y que a veces la tarea no puede comenzar porque una de sus predecesoras aún no ha terminado (integración).

Si cada una de las tareas tiene un estimado de tiempo con una alta probabilidad de cumplirlo, deberíamos considerar que en un proyecto hay muchas tareas que terminan antes de tiempo, algunas cerca del tiempo estimado y otras más tarde. Sin embargo, solo vemos y observamos las últimas dos: a tiempo y tarde. Esto nos permite concluir que durante la ejecución de las tareas los atrasos *se transfieren en su totalidad, pero los adelantos no*.

Este fue el análisis que llevó al doctor Goldratt a concluir que la creencia de que «la protección que nos permitimos no es suficiente para absorber todos los imprevistos» no es válida.

LA PROTECCIÓN QUE NOS PERMITIMOS ES SUFICIENTE;
EL PROBLEMA ESTÁ EN QUE LA DESPERDICIAMOS.

Repasaré y resumiré lo visto hasta ahora, utilizando el siguiente diagrama lógico de causa y efecto.

Figura 2.10 Diagrama lógico (consecuencias de la práctica común de gestión)

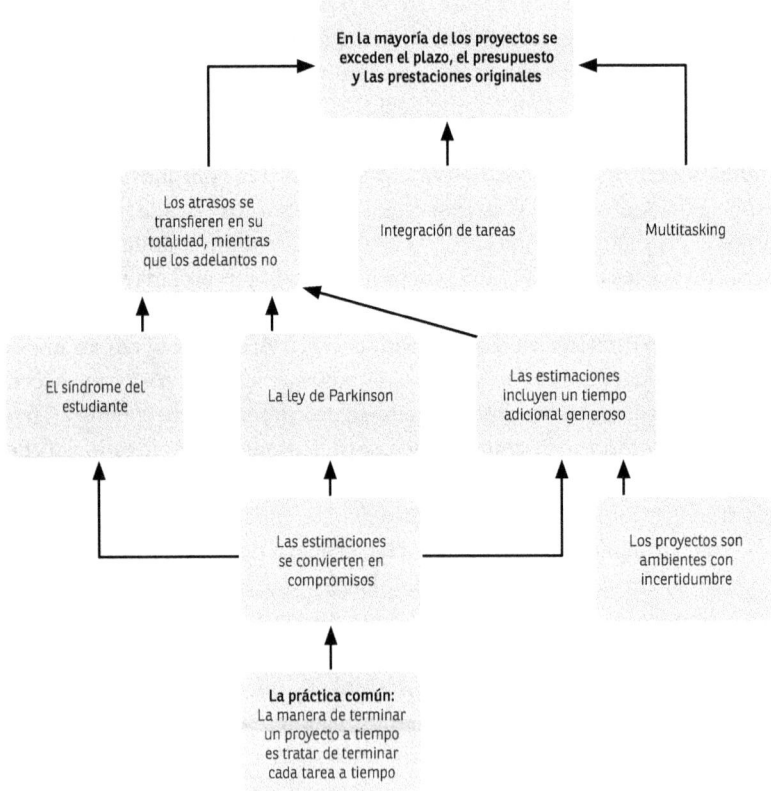

La práctica común «la manera de terminar un proyecto a tiempo...» causa que las estimaciones se conviertan en un compromiso. Este compromiso y el entorno de incertidumbre de los proyectos hacen que en las estimaciones se incluya un tiempo adicional bastante generoso. Esto a su vez es la causa de que no empecemos las tareas a máxima velocidad, y también de que usemos el tiempo sobrante (si lo hay) en hacer *mejor* el trabajo antes que reportar una terminación temprana. Los adelantos nunca se transfieren, y por eso cuando ocurren los imprevistos los atrasos sí se transfieren en su totalidad, lo que hace que excedamos los presupuestos, las fechas límite establecidas o recortemos las prestaciones iniciales.

¿Incluir mayor protección o tiempo adicional resolvería el problema? Supongan una propuesta de solución en esta línea. En el siguiente proyecto se permitiría incluir un tiempo adicional mayor en las estimaciones. Esto por un lado incrementaría el tiempo total del proyecto. Por otro lado, como continuamos utilizando los mecanismos que transfieren los atrasos y no los adelantos, es muy probable que aún con este tiempo adicional el proyecto no se termine en el plazo, presupuesto y prestaciones iniciales establecidas, por lo que para el siguiente proyecto permitiríamos incluir más tiempo adicional, lo que haría que el proyecto tomara más tiempo… y así sucesivamente hasta quedar fuera de mercado. Esta solución es lo que llamamos un círculo vicioso o *loop* negativo, que se alimenta hasta dejar el proyecto fuera de mercado o de competencia, y no resuelve el problema de fondo.

LA SOLUCIÓN

El proceso de mejora de TOC responde sistemáticamente a las siguientes preguntas:

¿Qué hay que cambiar?
¿Hacia qué hay que cambiar?
¿Cómo se debe realizar el cambio?

En este capítulo espero haber respondido bien la primera pregunta: ¿qué hay que cambiar? He intentado —y espero haberlo logrado— por un lado establecer la lógica de causa y efecto sobre cómo la práctica común de gestión en los proyectos conduce a los malos resultados. Por otro, mejorar el entendimiento sobre cada uno de los efectos que se derivan de la causa o problema medular, a través de ejemplos y vivencias que presencié en muchos proyectos durante estos años.

La solución, que comenzaré a desarrollar en el siguiente capítulo, parte de la base de que lo que está mal, lo que hay que cambiar es la creencia y práctica de gestión común de que «la manera de terminar un proyecto a tiempo es tratar de terminar cada tarea a tiempo».

Saber lo que no se debe hacer es un buen comienzo. Mucho mejor si a eso le agregamos un poco más de luz sobre lo que sí hay que hacer, que no siempre es el opuesto.

En los próximos capítulos responderé la segunda pregunta: ¿hacia qué hay que cambiar? Y voy a procurar que la respuesta cumpla con los siguientes criterios:

— Las estimaciones no deben convertirse en compromisos.
— Los mecanismos de desperdicio de las protecciones deben ser eliminados.
— Los adelantos y los atrasos deben poder compensarse entre sí.
— El multitasking perjudicial debe ser eliminado o reducido de manera significativa.

Los criterios son una herramienta muy potente al momento de desarrollar la solución. Guían y permiten hacer la conexión entre cada detalle o idea de esta con el criterio, y al mismo tiempo descarta ideas que no lo cumplen (aunque puedan ser muy buenas para resolver otro problema). Me refiero, por ejemplo, a que una idea podría ser aplicar Six Sigma al proceso de estimación. Hacer un estudio del proceso, identificar las causas y elaborar un nuevo proceso o metodología para estimar mejor. Es una excelente idea, pero no cumple con ninguno de los criterios mencionados, por lo que seguramente la dejemos en el archivo de buenas ideas para una etapa de mejora posterior. Otra idea podría ser que durante la ejecución las tareas no tengan un tiempo establecido para cumplir. Que frente a la pregunta: ¿cuánto tiempo tengo para hacer esta tarea?, la respuesta no sea un tiempo determinado. Parece una locura, pero definitivamente está alineado con el primer criterio. Le falta suficiencia, pero de entrada es una idea que se podría llegar a incluir en la solución.

Durante el desarrollo de la solución iré haciendo el vínculo entre cada detalle de esta y cómo se relaciona con los criterios aquí establecidos. Los criterios no salen de la nada. Se derivan o son consecuencia del análisis de la problemática y de la respuesta a la primera pregunta del cambio. La ventaja es que nos permiten entender la solución a nivel global o macro antes de entrar en el detalle, y al mismo tiempo nos ayudan a ver (o no) cómo cada táctica se alinea a ella.

Por último, quiero hacer algunos comentarios sobre los beneficios que se obtienen. El cambio cuesta, implica ir a contramano en muchas cosas, pero en estos últimos veinte años, con cientos de implementaciones en todo el mundo, se ha demostrado que los beneficios son muy importantes. Gestionar los proyectos con la metodología de Cadena Crítica permite que:

— Los proyectos tengan una probabilidad muy alta de terminar en el plazo establecido.
— Los proyectos se realicen más rápido que con metodologías convencionales.
— Quienes dirigen los proyectos tengan mucho control y poco estrés.

Parece algo mágico, pero no lo es. Los obstáculos para la implementación de la metodología de Cadena Crítica son significativos. Por eso la importancia de responder la tercera pregunta: ¿cómo se debe realizar el cambio? El capítulo 7 estará dedicado a responder esta pregunta. En él comentaré los principales obstáculos, algunas sugerencias de cómo resolverlos y mi experiencia en todos estos años al asesorar empresas en la implementación de Cadena Crítica, y también al dirigir algunos proyectos.

PROCESOS PARA LA PLANIFICACIÓN

Este capítulo y el siguiente están dedicados a la creación del *plan para la dirección de proyecto* con la metodología de Cadena Crítica.

Definición: El plan para la dirección del proyecto es el documento que describe el modo en que el proyecto será ejecutado, monitoreado y controlado. Integra y consolida todos los planes y líneas base secundarios de los procesos de planificación.[3]

Cadena crítica es un desarrollo que fue construido sobre una base sólida de buenas prácticas de gestión de proyectos, como por ejemplo los procesos de la guía del PMI; hace una excelente gestión global de la incertidumbre, pero no es inmune a cualquier tipo de gestión. En mi práctica profesional, en gran cantidad de casos vi llamar *incertidumbre* a algo que realmente no lo es. Doy algunos ejemplos: estoy terminando de instalar una máquina cuando me doy cuenta de que se necesita potencia para alimentarla, y no fue previsto. O estoy realizando el cerramiento de un edificio y uno de los inversores me dice que su requerimiento es usar paneles de doble acristalamiento, y no simple. Es cierto que este tipo de eventos pueden causar demoras e incrementos de gastos, pero no por ello debemos llamarle incertidumbre. Este tipo de eventos, mal llamados incertidumbre, deben ser eliminados, y una buena manera es recurrir a prácticas y manuales estandarizados sobre la gestión de proyectos como los que nos ofrece el PMI.

En este capítulo comentaré algunas de estas buenas prácticas que construyen la base para la correcta aplicación de la metodología de Cadena Crítica. Me refiero a varios de los procesos de gestión de proyectos del PMI que

---

3   Definición incluida en la 5.ª edición del PMBOK Guide.

considero valiosos y a los que en mi práctica profesional a veces he visto ser poco usados o malinterpretados. En este capítulo pretendo aportar experiencias sobre el uso de los procesos de gestión y no repetir el contenido del PMBOK Guide. Para los que quieran profundizar o les quede alguna duda, les recomiendo su lectura.

INICIANDO EL PROYECTO

Una instancia importante en la vida del proyecto es cuando se obtiene la autorización para comenzar. Mi recomendación es que esta autorización sea lo más formal posible y que incluya:

— El propósito o justificación del proyecto.
— Los objetivos medibles.
— El alcance a nivel macro.
— El líder de proyecto y su rango de autoridad.
— Los riesgos más importantes.
— Un rango de presupuesto.

Estos puntos (y más) deben estar contemplados en el *acta de constitución*. El siguiente es un ejemplo del acta de un proyecto.

Figura 3.1 Acta de constitución

Nombre del proyecto: ELIMINACIÓN NIEBLA ALCALINA	N° de proyecto: 21
Fecha: 10 de abril del 2013	N° de revisión: 1.1

1. OBJETIVOS DEL PROYECTO

Cumplir con el parámetro de niebla alcalina medido a la salida de la chimenea de la planta CRII. (Debe ser menor a 1000 mg/Nm3; hoy estamos entre 1200 y 2000)

2. ALCANCE Y ENTREGABLES

- Documento a la Dirección Nacional de Medioambiente con el anteproyecto
- Sistema de combustión de azufre y filtrado de los gases de emisión
- Instructivos de trabajo para la operación

3. GRUPOS DE PLANIFICACIÓN

a. Sistema de filtro y repuestos
b. Sistema de cuidado del filtro
c. Ampliar el diámetro de la chimenea
d. Sistema de combustión
e. Sistema de *by pass*

4. HIPÓTESIS, RESTRICCIONES

- Para mejorar el sistema de combustión se necesita comprar una bomba especial cuyo plazo de entrega se estima en 4 meses.
- El sistema propuesto implica un cierto riesgo, pues el proveedor no garantiza el correcto funcionamiento del sistema integral; sí de sus partes por separado. El equipo de trabajo de este proyecto entiende que es un riesgo aceptable.

5. PRESUPUESTO ESTIMADO

La estimación gruesa es del orden de los USD 400.000 a USD 600.000.

6. ESTRUCTURA ORGANIZACIONAL DEL PROYECTO

Hay dos grupos de interesados en el proyecto a los cuáles hay que actualizar frecuentemente sobre el avance: el directorio de la empresa y la Dirección Nacional de Medio Ambiente.
El equipo de proyecto estará integrado por Tamara Panuncio y Jorge Becerro.

Nombre	Rol	Función
Gerardo Arrizala	Gerente del Área de proyectos	Facilitar la tarea del líder del proyecto. Seguimiento global del proyecto
Ignacio Mayone	Líder del proyecto	Dirección y seguimiento detallado del proyecto. Asegurar el cumplimiento en tiempo y calidad
Raúl Bianchi	Asistente del proyecto	

7. AUTORIZACIÓN DEL PROYECTO

Aprobado por: Director ejecutivo: Fecha:

El ejemplo no pretende ser un guía para realizar un acta de constitución. Lo elegí pues me da espacio para comentar algunas observaciones y sugerencias prácticas a tener en cuenta.

Respecto al objetivo, destaco el hecho de que es un enunciado claro, concreto y medible. Basta con hacer una serie de mediciones con los instrumentos adecuados a la salida de la chimenea para establecer si está cumplido o no. Los objetivos mal planteados, que dejan lugar a opiniones y no son fácilmente medibles, son un dolor de cabeza para la gestión de los proyectos. He visto enunciados de objetivos que contienen las palabras *mejorar, adecuar...*, que dependen luego de la persona que los evalúe y por lo tanto hacen que los proyectos se demoren, gasten más dinero y resulten muy difíciles de cerrar.

Un punto a mejorar en este ejemplo es el propósito o la justificación del proyecto. ¿Para qué lo hacemos? ¿Cuál es la importancia e impacto en la organización? Estas preguntas deben estar claramente respondidas en esta etapa. Debe ser la brújula que nos guía en la elaboración del plan de proyecto. Si bien en el caso real de este proyecto la empresa tenía claro el daño de no realizarlo (la detención de una planta productiva cuya producción estaba toda vendida), no estaba reflejado en números el impacto económico, que era de decenas de miles de dólares semanales. Establecer el impacto es de gran importancia, ya que será de gran ayuda en las decisiones a tomar durante la elaboración del plan, por ejemplo, al elegir entre dos proveedores con distintos precios y distintos plazos de entrega, o cuánto dinero dedicar a la eliminación o mitigación de los riesgos que hay en el proyecto.

Siguiendo con el ejemplo, el presupuesto está expresado dentro de un rango, lo que a mi entender es una buena práctica. Establecer un valor determinado en esta etapa es en general muy irresponsable y arriesgado. El presupuesto se debe ir afinando en las sucesivas iteraciones de la planificación hasta llegar a un valor o rango más preciso o acotado. Lo mismo se podría hacer con el plazo. Recuerden que muchas veces el acta de constitución se utiliza para seleccionar un proyecto entre varios, o para establecer si vale la pena dedicar dinero y esfuerzo a la elaboración del plan de proyecto. Este es el que permitirá comunicar con mayor precisión el plazo, presupuesto y prestaciones a lograr.

Luego de establecida y autorizada el acta de constitución, el siguiente paso debe ser el *análisis de los interesados* o stakeholders.

Definición: Un stakeholder es un individuo, grupo u organización que puede afectar, verse afectado o percibirse a sí mismo como posible afectado por una decisión, actividad o resultado de un proyecto.[4]

En las etapas tempranas del proyecto es importante conocer quiénes jugarán un papel importante en este para establecer la estrategia de gestión, es decir, cómo se interactuará con ellos. Muchas veces se comete el error de involucrar solamente a aquellos que están a favor de la realización del proyecto. Pero tan importante o más es acercar a los que tienen dudas o incluso se ven amenazados, sobre todo si tienen influencia en el proyecto. He visto casos en los cuales no se incluyen a estos actores desde el inicio y cuando aparecen, tarde o temprano, el efecto es muy perjudicial. Es mejor tener en cuenta desde el inicio las dudas, miedos y requisitos de este grupo de personas. La negociación y modificaciones que resultan del intercambio con estos grupos son mucho menos costosas si se realizan en las primeras etapas que luego cuando el proyecto está en ejecución. Conviene definir y tener clara la estrategia de gestión de los interesados desde el arranque. Durante la ejecución hay que evitar situaciones en las cuales se den expresiones como «a mí nadie me preguntó», «este requisito es fundamental y no fue tomado en cuenta» (ampliaré este punto más adelante, cuando hable de la gestión del alcance, principalmente de la recolección de requisitos y definición del alcance).

---

4   Definición incluida en la 5.ª edición del PMBOK Guide.

El acta de constitución y el análisis de los interesados son dos procesos importantes a realizar en la etapa inicial. Eliminan muchos de los mal llamados imprevistos y sientan las bases para realizar una buena planificación.

PLANIFICANDO EL PROYECTO

Planificar el proyecto consiste en aplicar un conjunto de procesos cuyo resultado es el plan para la dirección del proyecto. A pesar de que los comentaré de manera lineal, me gustaría dejar bien en claro que este es un proceso iterativo, el cual se mejora en cada iteración. Me refiero a que cuando estamos realizando el cronograma, podemos darnos cuenta de que hubo requisitos que no vimos, por lo que la definición del alcance deberá ser actualizada. Por ejemplo, analizamos el cronograma y nos percatamos de un riesgo que no habíamos visto, lo que nos hace pulir la gestión de riesgos y posiblemente modificar el alcance y el presupuesto.

En resumen, todos los puntos que trataré a continuación están interrelacionados entre sí y no se realizan de manera lineal sino integrada e iterativa.

La gestión del alcance

Cuando hablamos del alcance del proyecto nos referimos a lo que este entregará y al trabajo necesario para lograrlo. Mi opinión y experiencia es que en este tema hay en general una mala comprensión y, por lo tanto, una mala aplicación de lo que se entiende por entregable, de lo que se entiende por requisito y por trabajo a realizar.

Un entregable es un resultado único y tangible que se obtiene como resultado de un trabajo y que cumple con determinados requisitos. Primero determino los requisitos, luego establezco el entregable y, por último, el trabajo a realizar.

Figura 3.2 Secuencia requisito-entregable-trabajo

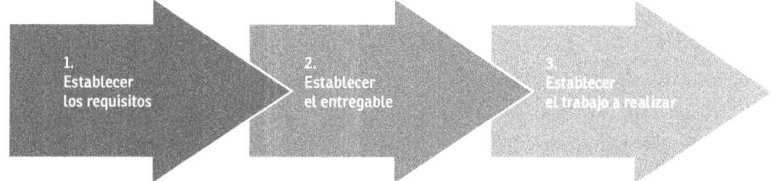

Un ejemplo que me vino a la mente fue el de una situación en la cual el líder de proyecto interactuaba con el supervisor de una planta. Estaban definiendo la salida de emergencia de una cabina de comando. La cabina estaba ubicada en un entrepiso y se accedía a ella subiendo primero por una escalera que daba a una senda de un metro de ancho, con barandas sobre un lado. Al otro lado estaba el acceso al proceso productivo. Es decir, en condiciones normales, para acceder a la cabina se caminaba por la senda que estaba muy cercana a donde se realizaba el proceso químico. El supervisor tenía claro que en una situación de emergencia, salir por ese camino era peligroso, pues el operario tendría que pasar por enfrente de toda la maquinaria.

En determinado momento noté que la conversación se estaba tornando difícil. El supervisor opinaba que la solución era extender la plataforma, es decir, la senda, ganando terreno hacia el lado de la baranda. Esto significaba extender el entrepiso hacia el lado opuesto al proceso productivo, lo que implicaba una obra civil importante, y el líder de proyecto era consciente de ello. Él quería encontrar una solución más sencilla, sobre todo en lo referente al tiempo de ejecución.

¿Qué es lo que está haciendo mal el líder de proyecto? Está intercambiando ideas, discutiendo sobre el entregable. Lo que debe hacer es obtener del interesado, en este caso, el supervisor, los requisitos. Por ejemplo, le debe preguntar: en caso de emergencia, ¿qué facilidades debe tener el operario?, ¿qué tan rápido debe poder evacuar la zona?, ¿qué aspectos importantes debe tener en cuenta el proyecto?

Estamos acostumbrados a la acción; nos cuesta pensar en términos de requisitos o necesidades. Pero es obligación del líder y equipo de proyecto hacer el esfuerzo de obtener de los stakeholders los requisitos, y no los cómo. Me interesa saber qué condiciones deben satisfacerse en un caso de emergencia para luego decidir el cómo. El líder tiene que ser muy duro en esta etapa, al punto de poder decirle al stakeholder que se cumplirán (o no) sus requisitos, pero el cómo lo debe decidir el equipo de proyecto.

En el ejemplo de la cabina se hizo este cambio y se le pidió al supervisor que se enfocara en las necesidades y no en el cómo hacerlo. El resultado fue que se terminó eligiendo una solución muy sencilla que dejó contentos a todos. En el piso de la cabina se hizo una puerta y se instaló una escalera que permite descender al nivel de salida. Es de rápida evacuación y está adecuadamente alejado del proceso.

El trabajo de levantar los requisitos es clave y es una tarea complicada. Se necesita entrevistar a los interesados para levantar o recolectarlos. Una vez realizado, hay que analizarlos, identificar cuáles son necesarios para cumplir los objetivos del proyecto, resolver quizás los posibles conflictos que haya entre ellos y hacer la devolución, es decir, informar cuáles requisitos se contemplarán y cuáles no (generalmente, aquellos que no son necesarios para el logro de los objetivos). Es preferible y recomendable decirle en el inicio a un interesado si alguno de sus requisitos no serán tenidos en cuenta. Dejarlo para más adelante genera problemas mayores.

Una vez que tengo el conjunto de requisitos, estoy en condiciones de establecer el alcance del proyecto, es decir, desarrollar una descripción detallada del proyecto y del producto, y construir la *estructura de desglose del trabajo* (EDT). La experiencia que tengo con respecto a estos dos procesos es que lo mejor es hacerlos en paralelo. Establecer el alcance ayuda a determinar los entregables, insumos de la EDT. Hacer la EDT ayuda a mejorar la definición de alcance, por lo que me resulta más práctico hacerlos como si fueran un solo proceso cuya salida es el enunciado del alcance y la EDT.

Crear la EDT es el proceso que consiste en subdividir los entregables del proyecto en componentes más pequeños y más fáciles de manejar. Es una descomposición jerárquica, basada en los resultados del trabajo que debe alcanzar el equipo de proyecto para lograr los objetivos. ¿Hasta cuándo descompongo? Hasta lograr una entidad sobre la cual pueda estimar las actividades necesarias para lograrla, su duración y su costo. Considero que hay una zona gris que hace ruido, pero sobre la cual se habla muy poco. Me refiero a la definición de entregable y si la EDT es una estructura pura de entregables.

Un entregable es cualquier producto, resultado o capacidad de prestar un servicio único y verificable que debe producirse para terminar un proceso, una fase o un proyecto.

Definición: La estructura de desglose del trabajo (EDT) —Work Breakdown Structure (WBS)— es una descomposición jerárquica del alcance total del trabajo a ser realizado por el equipo del proyecto para cumplir con sus objetivos y crear los entregables requeridos.[5] O sea, en la EDT solo deben haber entregables, productos, resultados. Pero en muchos ejemplos que he visto y leído, en la EDT se incorporan entidades que no son entregables.

En el estándar Practice Standard for Work Breakdown Structures, Second Edition del PMI hay un ejemplo sobre la construcción de una bicicleta que vale la pena comentar.

---

5   Definición incluida en la 5.ª edición del PMBOK Guide.

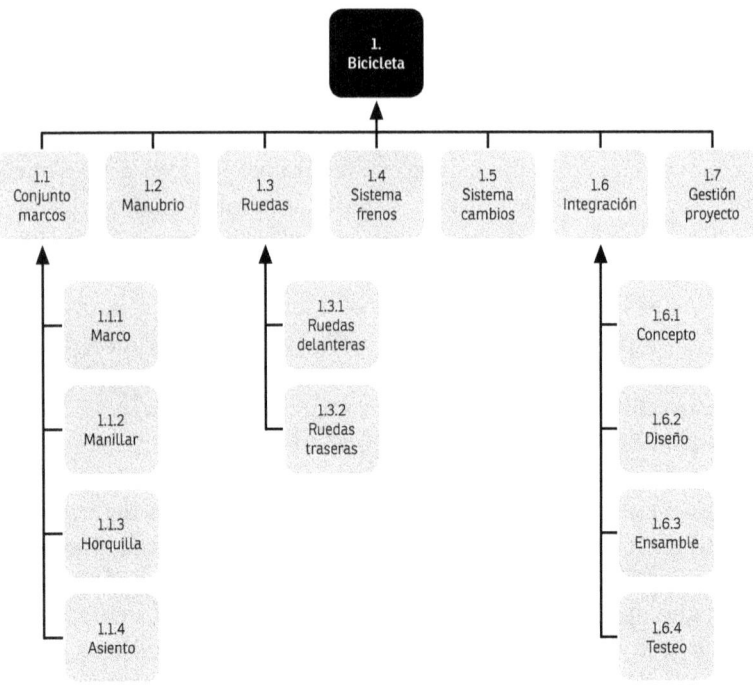

Figura 3.3 EDT de una bicicleta

«El nivel 2 contiene los componentes básicos del producto, junto con la integración y la gestión de proyecto». ¿No les suena un poco arbitrario y con poca explicación? ¿Por qué será que incluyen dos puntos sobre los cuales no se dice mucho? Creo que el problema se origina en que puedo describir o descomponer un producto en sus partes, pero este es más que la suma de ellas. Si tengo una mesa, puedo decir que tengo cuatro patas y una tabla. Pero lo que no puedo decir es que si tengo cuatro patas y una tabla, tengo una mesa; me falta algo: el ensamble. Creo que el hecho de aclarar esta zona gris le haría mucho bien al uso de la EDT, la cual considero una excelente herramienta y muy necesaria. No hacer una EDT es facilitar el camino al fracaso del proyecto. Pero dejaría bien en claro que debe incluir las actividades de soporte, tareas de ensamble o integración en donde le resulte más cómodo al equipo de proyecto.

El mejor libro que leí sobre la EDT, y que recomiendo, es *Secrets to Mastering the WBS in real-world projects* de Liliana Buchtik. La autora hace un muy buen encare sobre esta zona gris. Para ella hay dos tipos de componentes:

— Nivel de esfuerzo. Actividades de soporte que no producen productos finales.
— Discretos. Productos finales o resultados que pueden ser planificados y medidos.

En su libro comenta que la WBS tiene estos dos tipos de componentes. Por ejemplo, siempre está presente el nivel de esfuerzo Project Management. Cito a continuación un párrafo de su libro:

> Ustedes se preguntarán: «¿por qué Project Management es una componente de nivel de esfuerzo y no discreta?». La respuesta es simple. Project Management no es un resultado final que pueda ser medido o entregado. Podría llegar a ser discreto si uno define los productos o entregables dentro de este componente. Estos entregables podrían incluir el plan de proyecto, el cronograma, presupuesto, los registros de riesgo o las minutas de las reuniones.

La diferencia principal entre un componente de nivel de esfuerzo y discreto que plantea Liliana es simple. Si se puede medir, verificar o entregar es discreto; sino, es un componente de nivel de esfuerzo.

Resuelto este dilema, hacemos la construcción hasta llegar a entregables que llamamos paquetes de trabajo. Un paquete de trabajo es el nivel más bajo de la EDT, en el cual es razonable estimar el trabajo necesario para lograrlo, o sea, las actividades, los recursos y el dinero necesario. En esta estructura, los paquetes de trabajo son los hijos que no son padres.

Hay muchas reglas con respecto a hasta cuándo hacer la descomposición. Algunas están basadas en la cantidad de tiempo que tomaría alcanzar el entregable. El doctor Harold Kerzner[6] dice: «Un paquete de trabajo típico debería ser entre 200-300 horas y aproximadamente 2 semanas de duración».

Una buena definición de alcance, los requisitos y la EDT son condición necesaria (no suficiente) para el éxito del proyecto. Además, será el principal *input* para determinar las actividades del proyecto, los recursos y el costo.

La siguiente figura muestra un ejemplo que utilizaré a lo largo del capítulo, cuando vaya comentando los siguientes procesos para desarrollar el plan de dirección de proyecto. El ejemplo versa sobre la creación de un plan de negocio para presentar a un grupo de inversores.

---

6 Kerzner, H., 2009. *Project Management: A system approach to planning, scheduling and controlling.* 10.a edición..

Figura 3.4 EDT para crear un plan de negocio

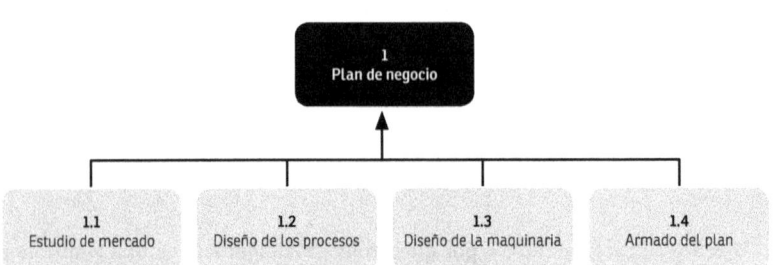

Las entidades 1.1 a 1.3 son entregables, resultados únicos. El resultado del 1.1, por ejemplo, es un documento que contiene datos relevantes tanto cualitativos como cuantitativos sobre el comportamiento del mercado frente a determinada propuesta comercial. La entidad 1.4 es sin embargo un componente de nivel de esfuerzo; no produce un resultado tangible, pero es necesario para dar coherencia y unión a los entregables 1.1, 1.2 y 1.3. Gracias a esta actividad de ensamble se puede lograr el entregable del proyecto: el plan de negocio.

La gestión del tiempo

Un error muy habitual que he visto en muchas de las empresas a las que he asesorado en la gestión de proyectos es que comienzan realizando un cronograma del proyecto. O sea, definido el objetivo y autorizada su ejecución, el trabajo se centra en hacer un cronograma donde figuren la mayor cantidad de tareas. Y mientras más tareas se incluyen, más satisfecho está el líder de proyecto.

Estos son dos errores muy importantes. Me referiré primero al hecho de iniciar un proyecto realizando un cronograma. Comenzar la planificación identificando las tareas o actividades[7] tiene varios inconvenientes. Como no está claro el entregable, se puede estar incluyendo actividades que no son necesarias, pues no ayudan a cumplir ningún requisito; actividades que agregan costos, carga de trabajo y ruido. Otro inconveniente es que se restringe la creatividad. Si a un grupo se le pregunta cómo puede hacer para atravesar el río más ancho del mundo e ir desde Montevideo a Buenos Aires, seguramente surjan varias alternativas: nadando, en lancha, en auto o en bus, cruzando por el puente de Fray Bentos, o en barco, en avión… Sin embargo, si no sigo este proceso y comienzo

---

7   Las palabras *tarea* y *actividad* están usadas como sinónimos en este libro.

por las actividades, es probable que seleccione la primera opción que se me ocurra y pierda la instancia de creatividad y de elección de la mejor alternativa.

El segundo error es pensar que mientras más tareas tenga un cronograma, mejor. En un proyecto de gran magnitud en el que participé, en la primera sesión el líder de proyecto me mostró un cronograma con unas 500 tareas. ¿Se imaginan lo que puede llegar a ser controlar y ejecutar un proyecto con 500 actividades? Mi recomendación en este sentido es que el cronograma tenga como máximo unas 150 tareas. De ser necesario, se puede incluir una tarea que por su complejidad o importancia se le dé el tratamiento de proyecto. En este caso, la EDT resultó ser una estructura de 110 entregables. Los paquetes de trabajo (los hijos que no son padre) eran aproximadamente 80, y con ellos se realizó el cronograma. Las 500 tareas iniciales fueron útiles para la construcción de la EDT y la estimación de los recursos, tiempo y costo de los paquetes de trabajo.

Definir y secuenciar las actividades

Hechas estas advertencias, y suponiendo que partimos de una buena definición del alcance, para cada paquete de trabajo se deben definir las actividades necesarias para lograrlo y luego secuenciarlas.

Una manera sencilla de armar el diagrama de red es la siguiente:

1. Crear una actividad ficticia cuya descripción sea: «Todas las actividades están terminadas».
2. Armar grupos con las actividades de cada paquete de trabajo, e identificarlas de manera que resulte fácil asociarlas a este.

Figura 3.5 Pasos 1 y 2 para realizar el diagrama de red

Todas las actividades están terminadas	
1.1 Estudio de mercado Realizar el análisis de escenarios — Recabar datos del comportamiento del mercado	**1.2 Diseño de los procesos** Realizar el análisis del costo operativo — Diseñar los procesos
1.3 Diseño de las instalaciones Presupuestar la inversión — Hacer el diseño de las instalaciones	**1.4 Armado del plan** Armar el plan

3. Establecer las relaciones de precedencia para cada grupo de actividades.

   a. Tomar de a dos las actividades y preguntar: ¿Hay relación de dependencia entre ellas? ¿Es necesario que una esté terminada para iniciar la otra? Si la respuesta es no, significa que se pueden ejecutar en paralelo. Si la respuesta es sí, establecer la relación de dependencia uniéndolas con una flecha.

   b. Mi recomendación es utilizar relaciones del tipo *fin a inicio*, es decir que necesito terminar la actividad A para empezar la B. Si es posible empezar la B antes de que termine la A, seguramente pueda partir la actividad A en dos actividades, donde una de ellas sea precedente de B y la otra no.

Figura 3.6 Paso 3a para realizar el diagrama de red

Figura 3.7 Paso 3b para realizar el diagrama de red

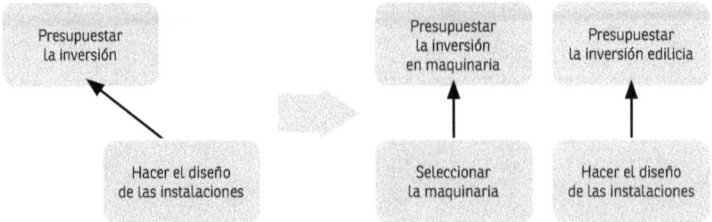

4. Establecer las relaciones de precedencia entre grupos.

   a. Para cada actividad, preguntar: ¿Hay algo que impida iniciar la actividad una vez terminadas todas sus predecesoras? Si la respuesta es sí, debo identificarlo en el diagrama de red de esa actividad y establecer la relación de dependencia. ¿Puede iniciar la actividad sin que todas sus predecesoras estén terminadas? Si la respuesta es sí, debo eliminar la relación de dependencia.

Figura 3.8 Paso 4 para realizar el diagrama de red

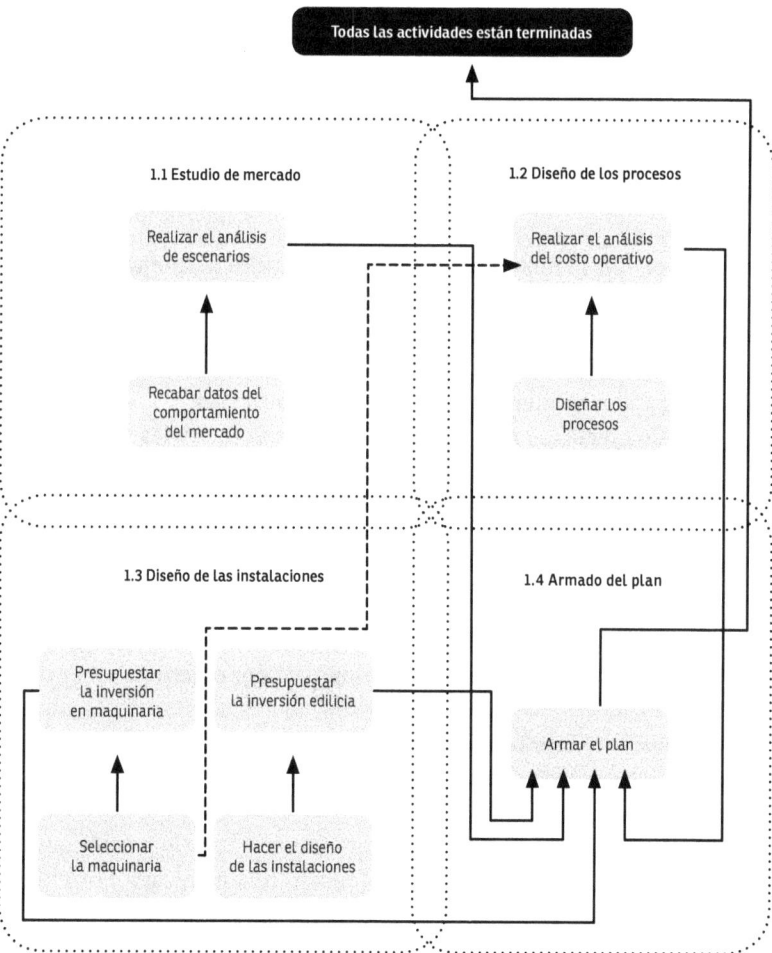

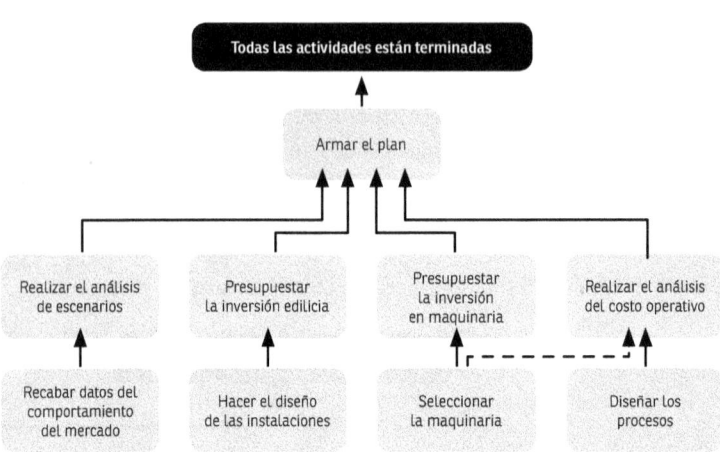

Figura 3.9 Diagrama de red

Estimar los recursos y la duración de las actividades

La manera en que la metodología de Cadena Crítica gestiona los recursos y estima las duraciones de las actividades es bastante diferente a como se realiza habitualmente. Este es el primer proceso en el cual se utilizan criterios particulares para eliminar o reducir la práctica común o la causa raíz responsable de los malos resultados en la gestión de proyectos.

Estimar los recursos consiste en establecer el tipo y las cantidades de materiales, personas, equipos o suministros requeridos para ejecutar cada actividad.

Estimar las actividades es establecer aproximadamente la cantidad de períodos de trabajo necesarios para realizar cada actividad con los recursos estimados.

La metodología de Cadena Crítica exige bastante más a estos dos procesos: que permitan lograr o contribuir al logro de dos objetivos:

— Eliminar o reducir la multitarea.
— Eliminar o reducir el síndrome del estudiante y la ley de Parkinson.

Para contribuir con el primero, se trata de hacer todo lo posible para que los estimados incluyan el 100 % de esfuerzo en la actividad. Por ejemplo, si un recurso tiene el 50 % de su tiempo asignado a una actividad y la estimación de tiempo con esta dedicación es de 10 días, sugiero utilizar una estimación de 5 días con una carga sobre el recurso del 100 %. No queremos estar programándoles a los recursos que salten de tarea en tarea desde el inicio, sabemos los efectos perjudiciales que esto ocasiona. Debemos dar esta pelea de entrada, y en la gran mayoría de los casos se encuentra una buena solución con los jefes de los recursos. Beneficia más al proyecto disponer de un recurso *full time* durante 7 días que disponer de un 33 % de él durante 21. La productividad del recurso se verá incrementada de manera importante y seguramente utilicemos menos tiempo total de este, con lo que todos ganan. Definitivamente, no queremos recursos haciendo multitarea, y desde este paso debemos empezar a lograrlo.

Es importante aclarar que con esto no estamos resolviendo la multitarea; serán necesarias otras acciones, como la nivelación de la carga de los recursos y la gestión de estos durante la ejecución del proyecto, lo que veremos más adelante. Pero el hecho de que desde el inicio programemos los recursos con dedicación *full time* es un primer paso en esta dirección.

El segundo punto tiene que ver con cómo estimamos la duración de una actividad. ¿Cuánto tiempo llevará la realización de esta actividad? Esta pregunta, o alguna variación de ella, es la que debemos contestar para cada una de las actividades del proyecto. ¿Por qué? Porque es necesario, entre otras cosas, disponer de una planificación en el tiempo para prometer la fecha de entrega del proyecto y coordinar las actividades de los diversos participantes que las realizarán. Para ello requerimos saber cuánto tiempo asumirá cada actividad.

Lo que en todo momento debemos tener muy presente, y con mucha claridad, es que no podemos saber cuánto tiempo demandará una determinada actividad. Desde el punto de vista más estricto, no sabemos qué es lo que ocurrirá en el futuro y por lo tanto lo que estamos pretendiendo es casi imposible de lograr con exactitud. Hasta que efectivamente no se realice la actividad, no podremos saber su duración. Entendido esto, lo que pretendemos ahora es tener alguna duración aproximada, alguna idea que nos permita coordinar las actividades, pero sabiendo con mucha lucidez que no sabemos cuál será la duración de ninguna de ellas con exactitud.

Por supuesto que existen duraciones que son muy conocidas, porque son actividades para las que contamos con mucha historia, ya que tenemos información de lo que ha ocurrido en otras tantas oportunidades y la dispersión de los datos es pequeña, por lo que tenemos datos que suponemos bastante precisos. Por otro lado, existen actividades que serán realizadas por primera vez o en condiciones inéditas, por lo que el grado de incertidumbre es muy grande.

A pesar de todas estas consideraciones, debemos tener alguna idea de las duraciones. Para ello, estimamos. Aquí vale la pena considerar la diferencia que existe entre la duración real que tendrá la actividad (dato desconocido hasta que ocurra y que no se puede conocer por anticipado) y la estimación que hacemos de ella, que es un intento de acercarnos a ese valor y que ya sabemos que solo por coincidencia azarosa podría tratarse del dato real.

También debemos considerar que las duraciones estimadas pierden su condición de tales rápidamente y se transforman en promesas, en compromisos de realización. Esto ocurre en casi todos los ambientes. Una vez que se realiza una estimación sobre la duración (futura) de una actividad, esa estimación se toma como un dato certero y por ende se le exige al responsable que cumpla con esta, ya que se ha transformado en una promesa. Dada esta situación, quien estima ya sabe que su estimación será empleada como un compromiso («todo lo que diga será usado en su contra») y por ello —quién podría culparlo— se protege, es decir, plantea un valor de la duración de la actividad que tiene agregado un excedente de resguardo para aumentar su probabilidad de cumplir con lo estimado-prometido.

En este proceso, la metodología de Cadena Crítica requiere que las duraciones previstas para las actividades sean tales que estén despojadas de protecciones, pues se pretende que el resguardo contingente de tiempo para cada actividad sea global y no individual. Nos encontramos con el desafío de emplear estimaciones *desnudas*, sin protección. Entonces, ¿qué ponemos? Por un lado, sabemos que tenemos duraciones infladas por quienes las proponen —generalmente, los responsables de su ejecución—, ya que por el efecto *promesa* esas estimaciones serán compromisos fuertes. Y por otro lado no hay manera de conocer por anticipado la duración real de la actividad.

Una manera de conseguir una estimación útil para la metodología de Cadena Crítica, llamémosle una *estimación crítica*, es tomar el dato que nos da el proveedor, estimar nosotros cuál puede ser la magnitud de su cobertura y sustraer esa cantidad para quedarnos con la duración más desnuda. En relación a este punto, el doctor Goldratt sugería de modo muy violento y directo tomar la mitad de cada estimación protegida de los proveedores o estimadores.

Es sumamente importante hacer muchos esfuerzos para desmontar la práctica común que transforma las estimaciones en compromisos. Con los proveedores más cercanos, que incluso pueden ser internos de la organización, esta actividad es difícil, pero puede llevarse adelante si se cuenta con la autoridad suficiente para establecer que no se castigará el incumplimiento de la promesa de fecha. Lo que nos interesa realmente es que cada una de las personas u organizaciones que participan en el proyecto hagan un serio esfuerzo por realizar las actividades en el menor tiempo posible, y no en el tiempo estimado-prometido.

Otra manera de tener duraciones útiles para la metodología de Cadena Crítica es indicar a los responsables que señalen duraciones agresivas (de muy baja probabilidad de cumplimiento) que correspondan a situaciones en las que se trabaja con mucho esfuerzo, y con la incidencia positiva de todos los efectos laterales: «Todo sale bien».

Recuerdo un ejercicio que hice con un equipo de proyecto para entender este concepto de las estimaciones agresivas. Realizábamos la planificación de un proyecto de gran magnitud con gran impacto nacional. En ese momento teníamos la definición del alcance, el diagrama de red y la estimación de recursos. Debíamos entonces estimar los tiempos y luego de explicar los conceptos de la metodología de Cadena Crítica surgió la pregunta: ¿Cómo estimamos duraciones agresivas? Entonces planteé el siguiente ejercicio. Les pedí que eligieran un trabajo pequeño, de una duración de 4 a 5 días, que debiera realizarse a muy corto plazo. Agendamos una mañana completa y definimos el alcance, creamos EDT, la lista de actividades, el diagrama de red y la estimación de recursos. En ese momento les pedí que estimaran los tiempos como lo habían hecho hasta ahora. Luego les planteé el escenario en donde debían estimar nuevamente, pero si no cumplían con ese tiempo el castigo era que perdían su puesto de trabajo. El último escenario era diferente, había un premio. El que estimaba el menor tiempo y lo cumplía se ganaba 5000 dólares. No había castigo para el no cumplimiento, pero sí había competencia para cada actividad. El resultado fue el siguiente:

Figura 3.10 Distintos tipos de estimaciones

ID	Nombre del entregable	Desglose de actividades	Estimación de tiempos (h)		
			Normal	Con castigo	Con premio
0	Reparación caldera II				
1	Tablero bombas				
1.1	Potencia partes nuevas	Consignación del equipo OPE	1	2	0,5
		Desarme del tablero ELE	4	6	2
		Cambios de elementos ELE	8	12	5
		Rearmado de acuerdo a plano ELE	8	12	5
		Simulación de funcionamiento ELE	4	5	2
		Desconsignación OPE	1	2	0,5
		Prueba de funcionamiento OPE	3	11	2

ID	Nombre del entregable	Desglose de actividades	Estimación de tiempos (h)		
			Normal	Con castigo	Con premio
1.2	Mando temporizadores	Desarme del Tablero ELE	4	6	2
		Cambios de elementos ELE	1	3	1
		Rearmado de acuerdo a plano ELE	2	4	1
1.3	Amperímetros nuevos	Calado en tablero ELE	6	16	2
		Instalación de amperímetros ELE	2	4	1
2	Tolva				
2.1	Aislación	Enfriamiento OPE	24	36	15
		Consignar OPE	1	1	0,5
		Desguace de aislación	8	4	2
		Reponer aislación	16	16	2
		Desconsignación OPE	1	1	0,5
2.2	Partes metálicas	Cambio de partes metálicas CAL	36	60	6
		Inspección visual CAL	1	5	0,5

Luego les presenté el resumen de los resultados. Se puede observar que cuando se les pidió muchísima protección (el castigo era muy grande) en promedio se cubrieron un 90 % respecto a una estimación habitual o normal. Y cuando el premio era importante redujeron en un 60 % la estimación normal. Es decir:

$$\text{ESTIMACIÓN AGRESIVA} = \text{ESTIMACIÓN NORMAL} * 0{,}4$$

Respecto a la regla sugerida por el doctor Goldratt, los valores son muy parecidos. Además, es razonable pensar que en el ejercicio, por la inercia que tenemos, las estimaciones agresivas que dio el grupo tuvieran todavía algún grado de protección, y las normales un poco menos de protección de la habitual. Pero esto ya entra en el terreno de las suposiciones. El hecho es que las estimaciones que generalmente damos tienen un grado de protección interesante. El ejercicio apuntaba a mostrarle a un grupo este aspecto desde un lado más cercano a la realidad. ¡Y funcionó!

Figura 3.11 Coberturas en las estimaciones

Estimación normal (protegida)	Estimación muy protegida	% Cobertura	Estimación normal	Estimación agresiva	% Cobertura
1	2	100 %	1	0,5	100 %
4	6	50 %	4	2	100 %
8	12	50 %	8	5	60 %
8	12	50 %	8	5	60 %
4	5	25 %	4	2	100 %
1	2	100 %	1	0,5	100 %
3	11	267 %	3	2	50 %
4	6	50 %	4	2	100 %
1	3	200 %	1	1	0 %
2	4	100 %	2	1	100 %
6	16	167 %	6	2	200 %
2	4	100 %	2	1	100 %
24	36	50 %	24	15	60 %
1	1	0 %	1	0,5	100 %
8	4	-50 %	8	2	300 %
16	16	0 %	16	2	700 %
1	1	0 %	1	0,5	100 %
36	60	67 %	36	6	500 %
1	5	400 %	1	0,5	100 %
Cobertura promedio		**90 %**	**Cobertura promedio**		**150 %**
Factor		**50 %**	**Factor**		**40 %**

Recordemos que el proceso en que estamos, estimar los recursos y las actividades, persigue dos objetivos:

— Eliminar o reducir la multitarea.
— Eliminar o reducir el síndrome del estudiante y la ley de Parkinson.

¿Cuál es el efecto en el cronograma de las líneas de acción que se deriva de lograr estos dos objetivos? En la primera figura vemos un cronograma con estimaciones tradicionales (con protección) y los recursos con capacidad *full time*, excepto el recurso comprador que tiene asignado la mitad de su tiempo. Con esta carga de trabajo se estimaron las duraciones de las tareas «Presupuestar la inversión en maquinaria» y «Presupuestar la inversión edilicia» en 20 días cada una.

Figura 3.12 Recurso comprador con dedicación 50 %

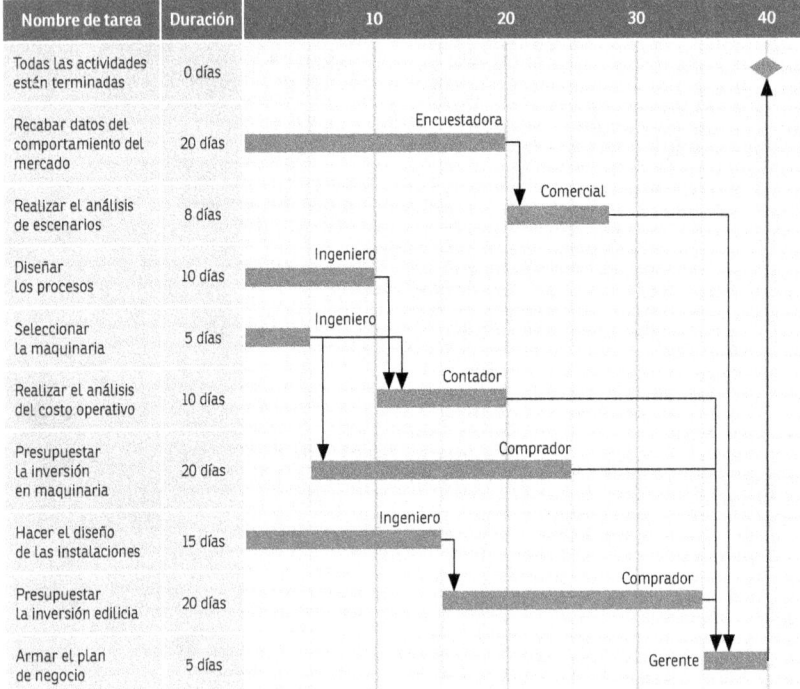

Si podemos cambiar la dedicación de este recurso y asignarlo al 100 % durante el período que lo necesite el proyecto, las tareas cuya estimación fueron de 20 días cada una se reducirán por lo menos a la mitad. Recordemos que la productividad del recurso aumenta cuando se lo deja enfocar en una actividad. La siguiente figura muestra este efecto en el cronograma.

Figura 3.13 Recurso comprador con dedicación *full time*

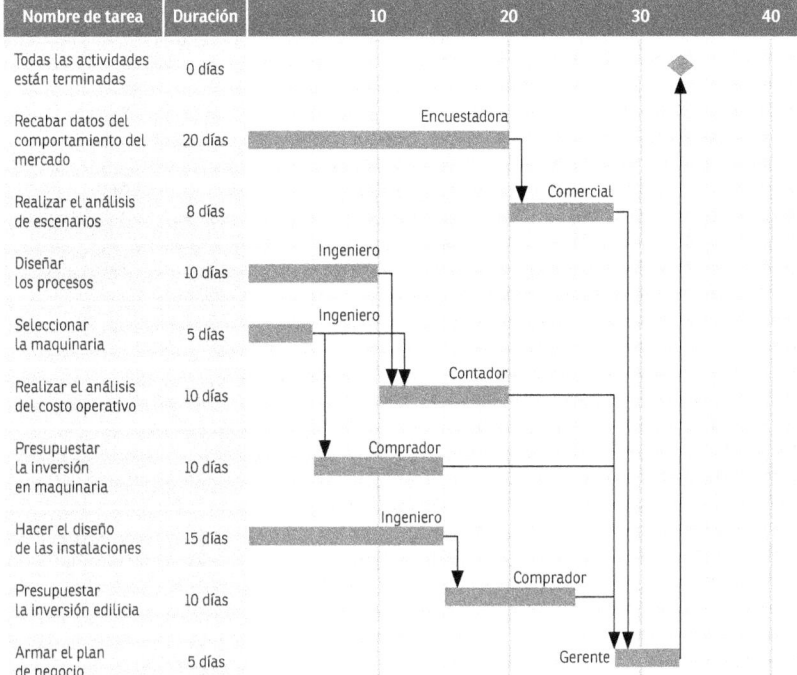

Habiendo reducido desde la programación parte de la multitarea, es necesario ahora dar el siguiente paso: eliminar las protecciones. En la siguiente figura elegí la opción del recorte del estimado a la mitad, como sugiere el doctor Goldratt.

Figura 3.14 Estimaciones recortadas a la mitad

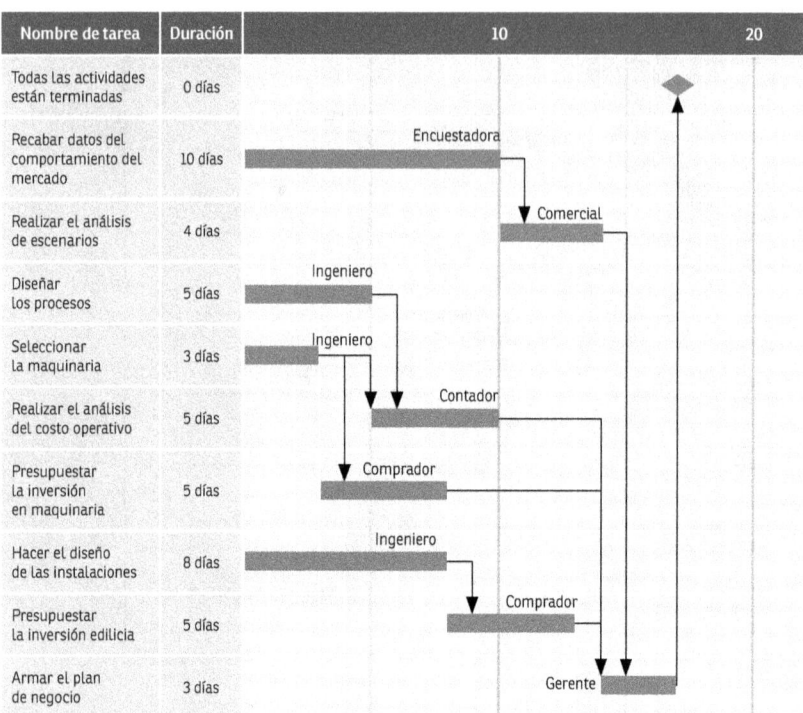

Estamos aún bastante lejos de obtener el cronograma con la metodología de Cadena Crítica. Apenas hemos realizado algunos de los pasos previos necesarios, que tienen que ver con la asignación de recursos y la estimación de las duraciones de las actividades.

Dos últimas reflexiones sobre esto que hemos visto: no es necesario estimar los recursos y duraciones en un diagrama de Gantt como el que recién utilicé. Bien podría haberlo hecho en una planilla de Excel como la que muestro a continuación y que utilizo muy frecuentemente. ¿Por qué? Porque tiene algunos beneficios, como no estar mirando las actividades previas ni las posteriores. Simplemente, para cada tarea se pregunta: a) con qué recursos se debe realizar; b) si todo está disponible, cuál es la estimación más agresiva posible en la cual hay ciertas chances (pocas pero reales) de realizarla. De esta manera el enfoque se hace en la tarea y no en las actividades *cercanas* ni en sus posibles impactos.

Figura 3.15 Estimaciones y asignación de recursos en una planilla

Nombre de actividad	Estimación agresiva	Nombres de los recursos	Disponibilidad
Todas las actividades están terminadas	0 días		
Recabar datos del comportamiento del mercado	10 días	Encuestadora	100 %
Realizar el análisis de escenarios	4 días	Comercial	100 %
Diseñar los procesos	5 días	Ingeniero	100 %
Seleccionar la maquinaria	3 días	Ingeniero	100 %
Realizar el análisis del costo operativo	5 días	Contador	100 %
Presupuestar la inversión en maquinaria	5 días	Comprador	100 %
Hacer el diseño de las instalaciones	8 días	Ingeniero	100 %
Presupuestar la inversión edilicia	5 días	Comprador	100 %
Armar el plan de negocio	3 días	Gerente	100 %

Vale recordar una vez más que uno de los objetivos de la planificación y de la ejecución del proyecto es que este termine en el tiempo total establecido, y no que cada una de las actividades que lo integran finalice en el tiempo anunciado.

Desarrollar el cronograma

Desarrollar el cronograma es el proceso de analizar secuencias de actividades, duraciones, requisitos de recursos y restricciones del cronograma para crear el modelo de programación del proyecto.[8] Generalmente, se trata de un proceso iterativo hasta lograr una promesa de entrega aceptable.

La metodología de Cadena Crítica utiliza un conjunto de criterios bastante diferente a los usuales para crear el cronograma de proyecto. Estos criterios y su aplicación son el tema central del próximo capítulo. A continuación hago algunos comentarios que considero importantes sobre lo que Cadena Crítica *no es*:

---

8   Definición incluida en la 5.ª edición del PMBOK Guide.

- **Cadena Crítica no es solo un método de programación.** Es una manera de gestionar los proyectos tanto en su planificación como en su ejecución, monitoreo y control. Como metodología de gestión de proyectos, utiliza criterios para realizar la planificación, que veremos más adelante, pero abarca mucho más que este proceso.

- **Cadena Crítica no es camino crítico.** El camino crítico es un método de programación; la metodología de Cadena Crítica es mucho más. Podemos decir que en lo que se refiere a la planificación son parientes, ya que tienen el mismo *apellido*, pero no son parecidos. Hay un conjunto especial de tareas que determinan de un modo particular la duración del proyecto, que se denominan *tareas de la Cadena Crítica*. Ese conjunto tiene un innegable parentesco con el concepto muy conocido de camino crítico. Sin embargo, la relación de semejanza entre los conceptos de Cadena Crítica y camino crítico es como la que existe entre la jirafa africana y el hipopótamo africano: animales, mamíferos, de origen africano, se encuentran en zoológicos y en muchos documentales para la televisión: Discovery, Animal Planet y otros. ¿Son parecidos? Sí en algunos aspectos, y en otros no. Este es uno de los primeros *golpes* que nos damos cuando comenzamos a conversar sobre esta metodología, y siempre surge la cuestión de que: «¡Ah, la Cadena Crítica es como el camino crítico!»; sin duda, tener el mismo *apellido*, «crítico», no favorece mucho las cosas a la hora de distinguir las importantes diferencias entre ambos. Pienso que el doctor Goldratt le habría hecho un gran favor a la capacitación en este campo si hubiese llamado a este conjunto de tareas *cadena de Goldratt*, o *tareas de alto foco*, o *terminator tasks*. Para complicar más las cosas, el doctor Goldratt llamó *Cadena Crítica* a su libro, a la metodología y también a un conjunto muy particular de tareas claves del proyecto.

- **Cadena Crítica no está desarrollado a partir del camino crítico.** En muchas literaturas se comete este error, y lo entiendo, ya que nuestra manera de ser frente a algo nuevo es buscarle el parecido con algo que conocemos. Por ejemplo, la 5.ª edición del PMBOK Guide, dice: «Es desarrollado a partir del método del camino crítico y considera el efecto de la asignación de recursos, la optimización y nivelación de la carga de estos y la incertidumbre en la duración de las tareas en el camino crítico»; «el camino crítico con recursos limitados es lo que se conoce como Cadena Crítica». Uno de los objetivos que me gustaría lograr es que al terminar de leer este libro el lector comprenda que la similitud entre Cadena Crítica y camino crítico es como la que existe entre la jirafa africana y el hipopótamo africano que mencionaba en el punto anterior.

El desarrollo del cronograma y del presupuesto es un punto clave en la metodología de Cadena Crítica, y será el tema principal del próximo capítulo.

Estimar los costos de las actividades

Estimar los costos es el proceso de desarrollar una aproximación de los recursos monetarios necesarios para completar las actividades del proyecto.[9]

Para estimar el costo de las actividades necesitamos haber realizado la estimación de recursos y duraciones. Los recursos para determinar su costo de utilización y la estimación de tiempo para conocer cuánto lo usaremos. Hay actividades que según su duración utilizan más o menos de un recurso, o sea, la utilización de este depende de la duración de la actividad. Hay otras que no. Me refiero, por ejemplo, al caso siguiente: una primera actividad sería comprar un generador de electricidad y otra sería instalarlo. El costo del generador de electricidad estará determinado por las condiciones del mercado y tendrá un valor dado independiente de si hacer la compra toma 2 días o 15. Sin embargo, si la instalación se realiza con un proveedor con el cual hay un acuerdo de precio basado en horas hombre, no costará lo mismo si se hace en 5 días o en 15.

A las actividades cuyo costo no varía con su duración, el haber utilizado estimaciones agresivas no las afecta. Para las que sí varía en función del tiempo que se utilice, la estimación de costo se realiza con la estimación agresiva de tiempo.

> LA PROTECCIÓN TANTO DE DINERO COMO DE TIEMPO
> SE REALIZA DE MANERA GLOBAL, Y NO LOCAL.

Una vez desarrollado el cronograma, estableceremos la protección global de dinero que llamaremos *buffer de costo del proyecto*.

---

[9] Definición incluida en la 5.ª edición del PMBOK Guide.

Desarrollar el plan de recursos humanos

Es el proceso por el cual en el marco de un proyecto se identifican y documentan los roles, responsabilidades, habilidades requeridas y relaciones de reporte dentro de este, además de crear el plan de gestión de personal.[10]

¿Quiénes serán las personas que se encargarán de las tareas que constituyen el proyecto? Este es un tema clave, pues son las personas quienes hacen las cosas. Los planes, los diagramas, las redes de proyecto y todos los elementos de planificación y control son herramientas de apoyo, pero quienes hacen realmente las actividades son ellas, y eso hace que sea tan importante no distraerse de este asunto.

De modo simplificado, podemos decir que o bien hay personal dedicado exclusivamente a hacer los proyectos, que es lo que ocurre en las organizaciones que tienen estructuras permanentes para la gestión de proyectos, o para cada ocasión se constituye un equipo de trabajo pro témpore. En este segundo caso, debe contemplarse con mucha precaución cómo se ve afectada la posición particular de cada uno de los convocados, y por lo tanto su carrera profesional, por esta situación temporal. La persona sale (o no) de su tarea común para hacerse cargo de nuevas responsabilidades en la planificación y ejecución de un proyecto, y luego retorna a su trabajo habitual. Este hecho tiene potencialmente muchas dificultades (muchas de las cuales superan el alcance de este libro), pero debe señalarse que una buena medida de gestión es plantear desde el inicio a todos los involucrados las características de esta situación, cuáles son las expectativas y cómo se resolverá la situación de la temporalidad de la atención de las tareas habituales.

Cuando las personas convocadas al trabajo del proyecto mantienen responsabilidades sobre sus tareas habituales, hay que resolver de antemano los conflictos que surgirán entre dos demandas: el proyecto y las tareas comunes, que responderán a dos jerarquías. Esta situación tan común se conoce técnicamente como estructura matricial o como *fuego cruzado*, donde si la situación no está bien planteada al inicio (que es uno de los objetivos de establecer el plan de recursos humanos) la *víctima* es la persona que se ve sometida a responder a dos situaciones que pueden ser antagónicas, con la demanda de un bien escaso: su tiempo y su dedicación.

Conviene tratar la constitución del equipo de trabajo para el nuevo proyecto como la contratación de nuevo personal, aunque el personal reclutado

---

10   Definición incluida en la 5.ª edición del PMBOK Guide.

sea de la propia organización; esto se hace para que la nueva relación comience tomando en cuenta y cuidando los aspectos más sensibles de la relación laboral.

El inicio es una buena oportunidad para establecer las condiciones de trabajo que existirán, fundamentalmente en lo que afecte a las condiciones habituales de las personas convocadas. ¿Qué pasa con las vacaciones y licencias?, ¿quién hará la evaluación de desempeño?, ¿qué pasará con mi puesto habitual?, ¿lo tendré cuando termine el proyecto?, ¿qué pasa con las capacitaciones que iba a recibir este año en relación a mi trabajo común?, ¿el horario de trabajo será el mismo?, etc. El sano consejo aquí es prevenir. Que el entusiasmo por realizar un nuevo proyecto no sea un impedimento para tomarse el tiempo para prevenir las dificultades que puedan surgir por no plantear las nuevas condiciones de trabajo a todos los involucrados.

Planificar la gestión de riesgos

La gestión de riesgos es un proceso importante para asegurar el éxito del proyecto y construir una base sólida para la implementación de la metodología de Cadena Crítica.

En mi experiencia profesional, con la gestión de riesgos pasa algo parecido como con la creación de la EDT. La mayoría coincide en la importancia que tiene, pero se usa poco. En particular, en la gestión de riesgos las excusas más habituales son: esto aplica para proyectos muy complejos o grandes, insume demasiado tiempo y dinero, y es complicado de hacer. Creo que son excusas, pues no me considero ningún dotado y he realizado análisis de riesgos en proyectos cortos y medianos en no más de 4 horas de trabajo. Sobre la gestión de riesgos hay extensa literatura, así que trataré de dar algunas ideas y ejemplos para que sean capaces de aplicarlas en el próximo proyecto.

Primero definamos qué es un riesgo: es un evento o situación incierta que si ocurre afecta los objetivos del proyecto. Puede afectar negativamente, y en ese caso hay que minimizarlos, o positivamente, y en ese caso hay que aprovecharlos.

En un trabajo de consultoría que realicé para una empresa de las número uno en Uruguay, American Chemical (que en el 2012 fue adquirida por Oxiteno, compañía química brasilera con presencia en todo el mundo), uno de los proyectos más importantes era la reconstrucción de una de las principales plantas, que llevaba varios meses parada a causa de una tragedia, una explosión que dejó sin vida a un operario. Era un proyecto complejo, sobre todo desde el punto de vista emocional. Iba a ser observado por cada persona de adentro y de afuera de la organización, y por lo tanto no se podían tolerar errores. Recuerdo haber reunido a varios interesados en el proyecto, para realizar una sesión de trabajo de análisis de riesgos. La introducción consistió en una breve descripción de los objetivos del proyecto y de la estructura de desglose del trabajo. Luego les pedí que se situaran seis meses en el futuro y se imaginaran —y sintieran— que el proyecto había sido un fracaso. Al cabo de unos minutos, les pedí que compartieran lo elaborado.

Figura 3.16 Identificación de riesgos

Riesgos
Los materiales importados no llegan a tiempo
Un accidente con ácido, oleum... (similar a la mala experiencia)
Los recursos del proyecto no saben en qué participan, cuándo y ni cuánto tiempo tienen
Descoordinación, poca cooperación entre las distintas áreas
No tenemos proveedores calificados para las soldaduras críticas
Descripción incorrecta de las tareas al elaborar el plan de seguridad
Los plazos de algunos proveedores son muy difíciles de cumplir
Lluvia y vientos fuertes
El lavado de los tanques se puede complicar
Materiales que suponemos se consiguen en plaza y no están
Nos olvidamos de alguna tarea
Interacciones entre proveedores que demoran los trabajos
Accidentes de trabajo
El proveedor X se equivoca en la construcción de los tanques
Poca disponibilidad de personal de producción (ausencias y licencias)
Hay otros trabajos más importantes que este proyecto
No sabemos con qué nos podemos encontrar al entrar a la planta
No conocemos el estado de la estructura
Trámites en el ministerio
La acumulación de tierra impide el avance de las bases de los tanques de acirex
Disponibilidad de suministros en Semana de Turismo y carnaval

Riesgos
Hacemos enojar a los proveedores por traerlos y no estar las previas hechas
Conflictos sindicales que afecten la diponibilidad de los proveedores (o recursos internos)
La consola está en peores condiciones de las previstas
Tanques ZZYY con mayores problemas que los previstos
Los proveedores no cumplen con la fecha

Luego expliqué que para gestionar los riesgos es importante conocer la probabilidad de ocurrencia y el impacto.

RIESGO = PROBABILIDAD OCURRENCIA * IMPACTO

Leí un artículo sobre la NASA acerca de un satélite fuera de función que iba a caer sobre la tierra. El impacto, si el satélite caía en una zona poblada, podía implicar la muerte de una persona, sin embargo, la probabilidad de que esto ocurriera era 1 en 300.000. La decisión de la NASA en este caso fue no hacer nada. Es importante estimar no solo la probabilidad de ocurrencia, sino también el impacto. En el ejemplo que estamos viendo los resultados fueron los siguientes:

Figura 3.17 Evaluación de riesgos

Riesgos	Impacto	Probabilidad	Ranking
Los materiales importados no llegan a tiempo	10	8	80
Descoordinación, poca cooperación entre las distintas áreas	8	8	64
Descripción incorrecta de las tareas al elaborar el plan de seguridad	7	9	63
No tenemos proveedores calificados para las soldaduras críticas	8	7	56
Los plazos de algunos proveedores son muy difíciles de cumplir	7	8	56
Poca disponibilidad de personal de producción (ausencias y licencias)	5	10	50
Los proveedores no cumplen con la fecha	7	7	49
Nos olvidamos de alguna tarea	6	8	48
Interacciones entre proveedores que demoran los trabajos	6	7	42
Lluvia y vientos fuertes	7	5	35
El lavado de los tanques se puede complicar	7	5	35

Riesgos	Impacto	Probabilidad	Ranking
Materiales que suponemos se consiguen en plaza y no están	7	5	35
Hay otros trabajos más importantes que este proyecto	5	7	35
Un accidente con ácido, oleum,....(similar a la mala experiencia)	10	3	30
La acumulación de tierra impide el avance de las bases de los tanques de acirex	3	10	30
Disponibilidad de suministros en Semana de Turismo y carnaval	3	10	30
No sabemos con qué nos podemos encontrar al entrar a la planta	5	5	25
Hacemos enojar a los proveedores por traerlos y no estar las previas hechas	3	8	24
No conocemos el estado de la estructura	5	4	20
Accidentes de trabajo	6	3	18
El proveedor X se equivoca en la construcción de los tanques	6	2	12
Los recursos del proyecto no saben en qué participan, cuándo y ni cuánto tiempo tienen	10	1	10
La consola está en peores condiciones de las previstas	2	5	10
Conflictos sindicales que afecten la diponibilidad de los proveedores (o recursos internos)	3	3	9
Tanques ZZYY con mayores problemas que los previstos	2	4	8
Trámites en el ministerio	4	1	4

Ahora queda por definir la tolerancia al riesgo, es decir, qué tan tolerantes queremos ser frente al riesgo, o que tanto estamos dispuestos a tolerar riesgos. En este caso elegimos un valor bastante bajo, lo que implica ser poco tolerantes. En la figura, está representado por una fila gris trazada para el valor de ranking de 30. Por encima de este valor, todos los riesgos tendrán un plan de medidas preventivas y de contingencia. Las medidas preventivas se toman para minimizar la probabilidad de ocurrencia; las de contingencia, para tener claro qué hacer en caso de ocurrencia.

Habiendo definido los riesgos que gestionaremos, queda entonces definir el plan de medidas preventivas o de contingencia, determinar las acciones y ver su impacto en el alcance, el cronograma del proyecto, el presupuesto... Como mencioné, la planificación es un proceso iterativo hasta lograr el plan para la dirección del proyecto.

A modo de resumen, se puede decir que el objetivo es abordar y manejar los riesgos antes de que se vuelvan problemas. Estamos preparados para ellos y sabemos cómo manejarlos, esas decisiones las tomamos antes, y si el riesgo ocurre solo tenemos que ejecutar lo que planificamos.

Planificar las adquisiciones

Es el proceso de documentar las decisiones de adquisiciones del proyecto, especificar el enfoque e identificar a los proveedores potenciales.[11]

Un aspecto que hay que resolver antes de iniciar las acciones del proyecto es la definición de quién será el responsable de las autorizaciones de compras y gastos relativos a este; en algunos casos, la responsabilidad corresponde a la habitual de las compras de la empresa, y en otras descansa en el responsable del proyecto. En principio, ninguna de las alternativas tiene preferencia sobre la otra y conviene estudiar cada caso para evaluar lo conveniente. Lo que es nefasto es que no se establezca con claridad cuál será la situación.

Cualquiera sea el caso, es muy útil que los requerimientos de tiempo y calidad de los suministros del proyecto sean establecidos de modo explícito —fundamentalmente si difieren de los habituales— para que quienes tengan la responsabilidad de las compras los tengan en cuenta.

Una característica particular que tiene la gestión de proyectos con Cadena Crítica es que la importancia relativa y la consideración que tienen las tareas están relacionadas con su clasificación; habrá tareas que pertenecerán a un grupo especial y pequeño en relación con el total de actividades, las *tareas de la Cadena Crítica*, y otras tareas no. Las compras relacionadas con este grupo deben tener una consideración especial en relación al tiempo de suministro, ya que las dificultades, atrasos y demoras perjudican el proyecto como un todo. Por ello, las negociaciones con los proveedores que suministrarán materiales y servicios para el proyecto, y que están involucrados con las actividades de la Cadena Crítica, deben realizarse teniendo en cuenta el impacto que representan.

Mi experiencia en varias empresas es que por más que se diga que el plazo es importante, en la decisión final termina pesando más el precio. Es muy común ver que en el pedido de cotización el plazo no figura, o si figura no lo hace con la importancia que tiene el precio. El líder de proyecto debe tener claro el impacto del atraso del proyecto. Debe tener evaluado cuánto se pierde o deja de ganar por cada día que no esté terminado, para negociar tiempo de entrega por dinero. Quiero remarcar este punto:

ES POSIBLE NEGOCIAR TIEMPO DE ENTREGA POR DINERO.

---

11 Definición incluida en la 5.ª edición del PMBOK Guide.

¿Cómo y cuándo debo utilizar esta arma poderosa? En principio, con los proveedores que forman parte de ese grupo especial de actividades que llamamos *tareas de la Cadena Crítica*.

Respecto a la estimación de la actividad, vale la pena distinguir algunos casos:

a. Supongamos en primer término que tenemos una estimación de la duración que entendemos razonable y además nos resulta satisfactoria para el proyecto en cuestión. En este caso, es recomendable presentarle a los posibles proveedores esa duración como condición de compra. Por ejemplo, si nos resulta conveniente que la tarea se realice en cuatro semanas o menos, entonces los candidatos a proveedores sabrán que no se considerarán propuestas que superen esa duración. De este modo, el proveedor tomará los recaudos que entienda conveniente para cumplir con el plazo solicitado.

b. Si no tenemos una estimación razonable, le presentaremos a los candidatos la solicitud de suministro considerando que el plazo de entrega será una variable importante para la adjudicación, que es posible y conveniente presentar alternativas de duración/precio.

En ambos casos, y como la planificación es un proceso iterativo, puede ocurrir que sea necesario acortar el plazo del proyecto. Si en las actividades de la Cadena Crítica hay un proveedor, debo negociar con él para cambiar tiempo de entrega por dinero.

Algunas preguntas que conviene responder en este proceso de planificar las adquisiciones son: ¿puedo decirle al proveedor que me alcanza con que establezca un tiempo de suministro agresivo, posible pero poco probable, y que si la duración excede lo indicado (lo cual es muy probable) no hay impactos negativos en el proyecto porque hay tiempo establecido para ello? ¿Puedo decirle que haga un esfuerzo razonable, pero que no indique tiempos de cobertura? ¿O me conviene fijarle tiempos agresivos y que se maneje para lograrlos con la mayor probabilidad que pueda?

Cuando la tarea corresponde a la Cadena Crítica y su ejecución corresponde a un recurso externo —un proveedor—, es conveniente que este procure ajustarse a la estimación agresiva pactada, y si bien un mayor plazo de entrega puede no afectar el proyecto sobremanera porque hay resguardo para ello, el proveedor tiene que procurar por todos los medios a su alcance que el plazo sea lo más ajustado posible a lo establecido. La protección global es para los inconvenientes que sufra el proyecto como un todo, y no para compensar al proveedor por sus dificultades internas. En ninguna circunstancia queremos que el proveedor opte por otro trabajo con otro cliente de modo preferencial porque nuestro proyecto está amortiguado, está protegido y *no pasa nada*. La protección es nuestra, para cuidarnos de eventualidades y de dificultades; no es para alentar el incumplimiento.

   c. Cuando la naturaleza de la tarea es tal que la incertidumbre es alta (tareas nuevas o en condiciones novedosas, para las que no hay antecedentes válidos), es conveniente trabajar en conjunto con el proveedor para distinguir las actividades de baja incertidumbre de las de alta, y de modo conjunto evaluar los riesgos y las alternativas. En las tareas de alta incertidumbre nos interesa mucho más asegurar el concurso de los recursos suficientes y del esfuerzo de calidad, que el compromiso con una fecha que *nadie* puede asegurar. Por ejemplo: si se trata de excavar hasta encontrar la napa con una calidad de agua establecida. No se puede saber cuándo se llegará a esa condición, pero sí podemos solicitar cantidades de equipos, metros perforados por turno, repuestos y personal de respaldo.

Otro aspecto importante en este proceso es el mecanismo de pago al proveedor. A los efectos de la gestión del proyecto, el avance corresponde al resultado de las tareas terminadas de modo completo, no a adelantos. En las situaciones en que el avance del proveedor es subjetivo, se pierde mucho tiempo y se desgasta la relación. Los pagos parciales corresponden a la modalidad de contratación, y será acordada al inicio de la relación. Es bueno procurar que se alinee el pago con el estilo de seguimiento, facilita mucho la relación, mejora la planificación de las actividades y hace pensar bastante a los proveedores. La recomendación es realizar el contrato para que los pagos estén vinculados a paquetes de trabajo (entregables). ¡Pero antes de comenzar! El que avisa no es traidor.

IV

CADENA CRÍTICA PARA LA PLANIFICACIÓN

En el capítulo anterior recorrimos muchos de los procesos de planificación sugeridos en el PMBOK Guide y dejamos para este el desarrollo del cronograma.

Vimos, además, que camino crítico y Cadena Crítica tienen muy pocas cosas en común, más allá de su *apellido*, y que el segundo también incluye una técnica de programación. Unas breves líneas sobre de dónde surgen estas técnicas serán útiles para recordar por qué en su momento fueron muy útiles y ahora no lo son tanto.

GANTT, PERT Y CAMINO CRÍTICO: TÉCNICAS ANTIGUAS

Las primeras técnicas de desarrollo del cronograma, conocidas como Gantt y camino crítico, datan de principios de los años 90.

Henry Gantt se destaca en la historia por su desarrollo de la gráfica de Gantt y su influencia sobre la dirección moderna. Nacido en 1861 en el condado Calvert, Maryland (Estados Unidos), Gantt llevó una vida activa como ingeniero industrial y consultor. Trabajó directamente con Frederick W. Taylor por alrededor de dos años, y en 1917 inventó la gráfica de Gantt, un diagrama de barras horizontales que resultó un modo innovador de manejar tareas superpuestas. Útil para coordinar y programar, era un desarrollo revolucionario y estaba basado en tiempo.

Henry Gantt también jugó un papel significativo en la historia de la dirección moderna, y fue uno de los pocos que en esa época reconocieron la importancia de la motivación, un fenómeno psicológico, en el lugar de trabajo.

Años más tarde, a mitad del siglo xx, aparecen proyectos muy complejos como el Polaris, que es un misil balístico basado en submarinos de dos etapas de combustible sólido con armas nucleares, construido durante la guerra fría por Lockheed Corporation de California para la armada de Estados Unidos. El Polaris, con tanta cantidad de componentes y subcomponentes juntos producidos por diversos fabricantes, requería de una nueva herramienta para programar y controlar el proyecto. Es creada entonces la herramienta PERT (Program Evaluation and Review Technique) por los científicos de la oficina naval de proyectos especiales.

Figura 4.1 Proyecto Polaris[12]

Casi al mismo tiempo, la compañía DuPont, junto con la división UNIVAC de la Remington Rand, desarrolló el método del camino crítico, CPM (Critical Path Method) para controlar el mantenimiento de proyectos de plantas químicas. El CPM es muy parecido al PERT en concepto y metodología. La diferencia principal entre ellos es simplemente el método por el cual se realizan estimados de tiempo para las actividades del proyecto. En la técnica de

---

12 Tomado de Wikimedia en setiembre de 2013:« This image or file is a work of a U.S. Air Force Airman or employee, taken or made as part of that person's official duties. As a work of the U.S. federal government, the image or file is in the public domain» (http://commons.wikimedia.org/wiki/File:Polaris-a3.jpg).

CPM, los tiempos de las actividades son determinísticos, mientras que con PERT, los tiempos de las actividades son probabilísticos o estocásticos.

El CPM fue diseñado para proporcionar diversos elementos útiles de información para los administradores del proyecto, por ejemplo, el camino crítico de un proyecto.

Definición: el camino crítico es la secuencia de actividades que representa el camino más largo a través de un proyecto, el cual determina la duración más corta posible.[13]

Estas son las actividades que limitan la duración del proyecto. En otras palabras, para lograr que el proyecto se realice a tiempo, las actividades del camino crítico deben realizarse en el tiempo establecido. Por otra parte, si una actividad se retrasa, el proyecto como un todo se alarga en la misma cantidad. Las actividades que no están en el camino crítico tienen una cierta cantidad de holgura; esto es, pueden empezarse más tarde y permitir que el proyecto como un todo se mantenga en programa.

¿Qué diferencias tienen estos megaproyectos de mitad del siglo pasado con la gran mayoría de los proyectos actuales? Una diferencia importante está en la cantidad de recursos disponibles. Antes los recursos no eran un tema de importancia en su tratamiento. Si se necesitaban 50 ingenieros más, se contrataban; si para recuperar tiempo era necesario 50 millones de dólares, se conseguían. El presupuesto era la variable de ajuste, dado que en este tipo de proyectos el plazo y las prestaciones o alcance del proyecto eran de suma importancia.

Hoy en día, trabajar con el supuesto de *recursos infinitos* no es tan válido. Es probable que desvíos importantes en el presupuesto de un proyecto deriven en su cancelación. Esto hace que los supuestos sobre los cuales fueron creadas estas técnicas antiguas dejen de ser válidos y necesitemos de una herramienta más moderna que tome en cuenta la complejidad actual.

En el ejemplo que comenzamos en el capítulo anterior, y sobre el cual estamos trabajando, el resultado de la aplicación de la técnica del camino crítico se muestra en el siguiente gráfico (las actividades del camino crítico figuran en color negro).

---

13   Definición incluida en la 5.ª edición del PMBOK Guide.

Figura 4.2 Camino crítico. Recursos sobrecargados

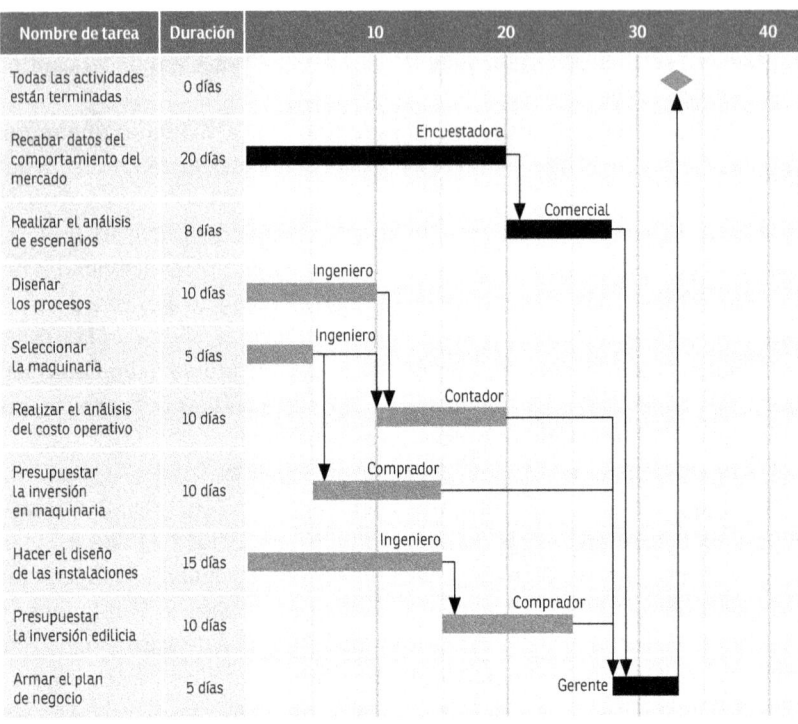

Como el supuesto sobre recursos infinitos que funcionaba en el siglo pasado dejó de ser válido, concluimos que este cronograma es muy difícil de cumplir, ya que hay un recurso sobrecargado: el ingeniero. Hoy en día la gran mayoría de los softwares de proyectos tienen en cuenta y resuelven la sobrecarga de recursos, es decir, redistribuyen las tareas para que en ningún momento la carga de trabajo que tiene el recurso supere su capacidad.

En el ejemplo utilizaré la herramienta de Microsoft Project y la función *redistribuir todo* para resolver los conflictos de recursos o sobreasignaciones.

Figura 4.3 Camino crítico. Recursos redistribuidos

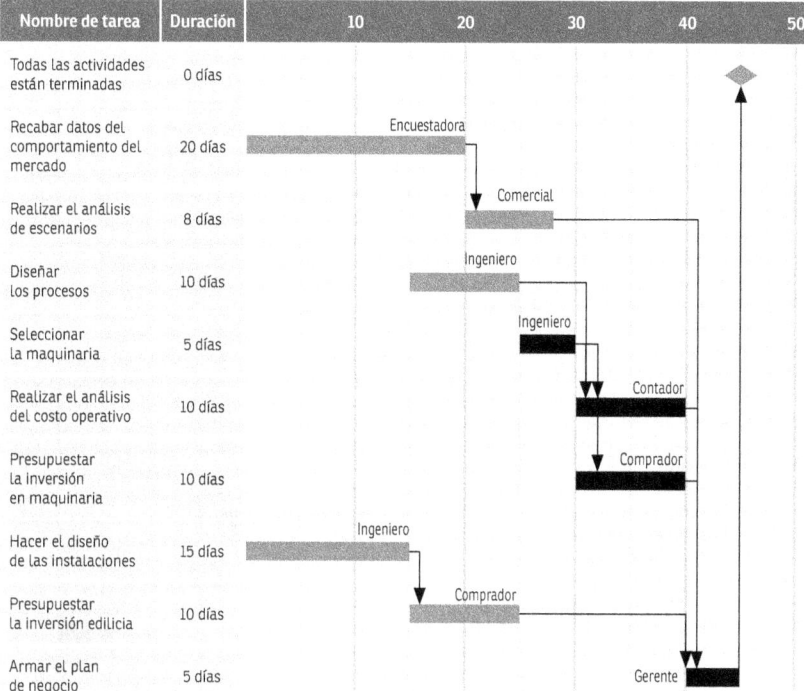

Otra manera de resolver la sobrecarga de recursos es creando dependencias artificiales de fin a inicio entre las tareas que realiza el ingeniero, que es el recurso problemático. En este caso, el resultado será:

Figura 4.4 Camino crítico. Dependencias artificiales

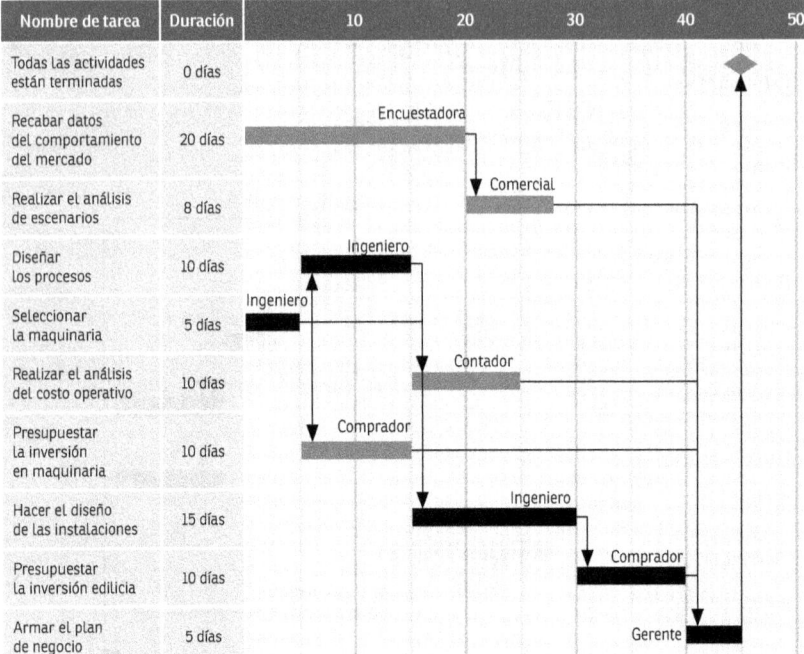

Algún software, como Primavera y Sciforma, establece dependencias artificiales entre las actividades cuando resuelve los conflictos de sobrecarga. A diferencia de Microsoft, estas dependencias son visibles y diferenciales en el diagrama. Además, son reversibles, es decir, automáticamente puedo romper esos vínculos y deshacer la nivelación de recursos. Considero que esta es una ventaja importante, porque identifica como crítico algo que lo es, y lo hace de manera automática y visible para el usuario.

Sin importar la manera elegida, la técnica del camino crítico da como resultado en el ejemplo una duración de 45 días. Compararemos más adelante este resultado con el que se obtiene con la metodología de Cadena Crítica.

Entonces, si consideramos que los recursos no son infinitos, ¿las técnicas de PERT y CPM siguen siendo válidas? No. Este es solo un aspecto por el cual estas técnicas antiguas dejaron de ser válidas. La manera en la que gestionamos a las personas es mucho más relevante. La técnica de CPM nos obliga a usar la herramienta del palo y la zanahoria; este es el cambio más importante que introduce la metodología de Cadena Crítica y que vimos en detalle en los capítulos 1 y 2.

LA PROGRAMACIÓN DE CADENA CRÍTICA

Recordemos que la metodología de Cadena Crítica busca reducir o eliminar las causas por las cuales desperdiciamos las protecciones durante el proyecto. Hemos visto que en la estimación de tareas se utilizan tiempos agresivos, es decir, tiempos que no incluyen protecciones o colchones. Por otro lado, ya en la etapa de planificación se trata de atacar el problema de la multitarea, asignando todo el tiempo de los recursos a la actividad requerida y cuidando que la carga de trabajo no exceda su capacidad.

Estos aspectos reflejados en el cronograma se muestran en la siguiente figura que utilizaremos para construir la programación de Cadena Crítica. Debe notarse, como se mostrará a continuación, que existen varias maneras de nivelar la carga de los recursos.

Figura 4.5 Cronograma inicial. Versión 1

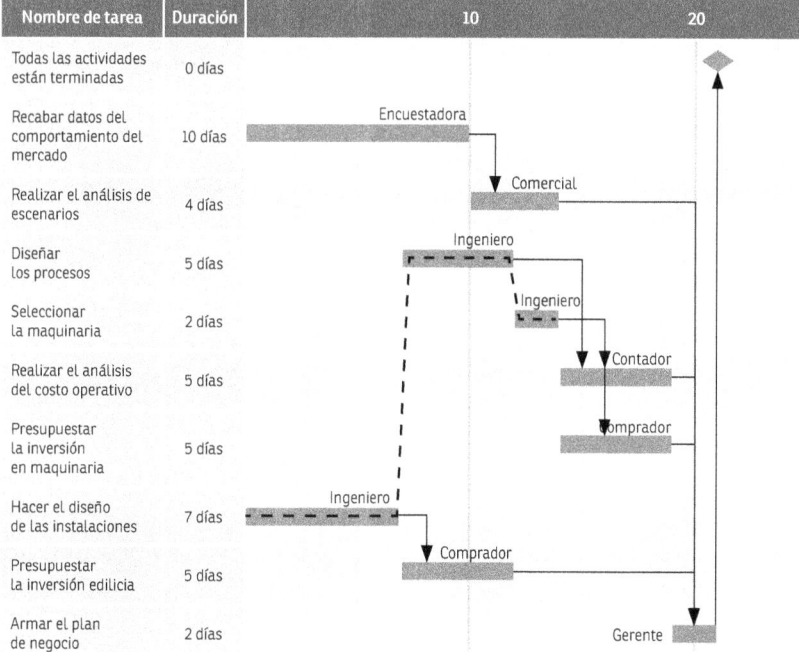

En línea punteada está marcada la secuencia con la cual se resolvió la carga de trabajo del recurso ingeniero. Dado que entre las tareas que hace el ingeniero no hay una dependencia lógica de fin a inicio, existen diferentes maneras posibles de haber resuelto su redistribución. Se muestran a continuación otras dos opciones.

Figura 4.6 Cronograma inicial. Versión 2

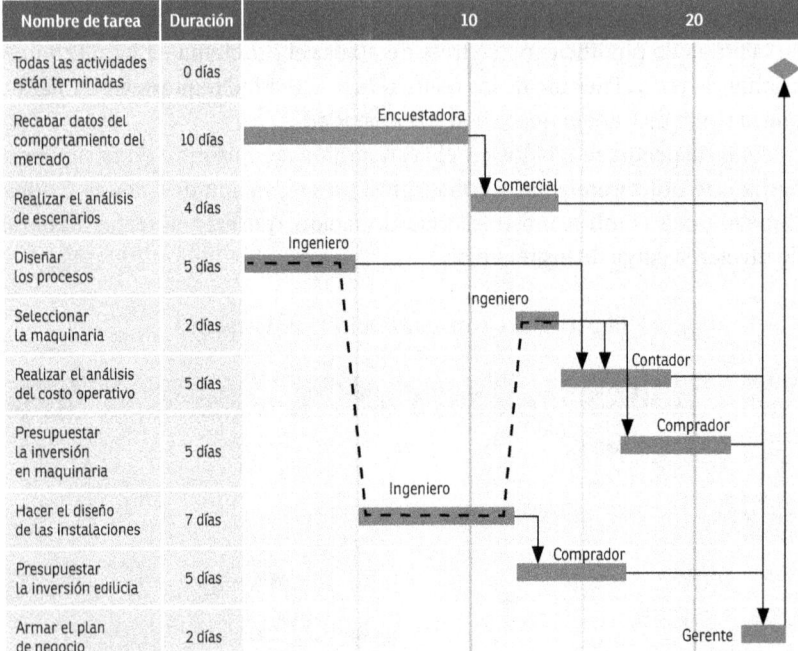

Figura 4.7 Cronograma inicial. Versión 3

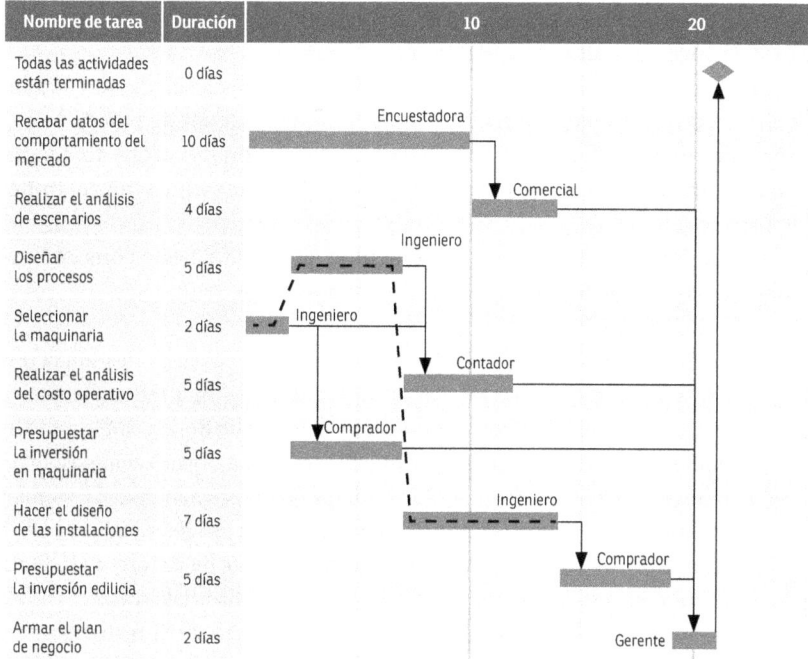

En este caso la duración cambia; son iguales las versiones 1 y 3, y un poco mayor la 2. En los proyectos en donde la cantidad de tareas y recursos superan ampliamente los de este ejemplo pueden obtenerse muchas opciones de cronogramas con distintas duraciones totales. ¿Vale la pena encontrar la mejor? ¿Existe una mejor que otra?

Para responder esta pregunta es necesario recordar algunos conceptos nuevos que estamos introduciendo. Por ejemplo, las estimaciones agresivas. Esta manera de estimar hace que la probabilidad de realizar la tarea en el tiempo estimado sea muy baja, por lo que la probabilidad de terminar un conjunto de tareas consecutivas es casi de cero.

La incertidumbre que tiene la ejecución de una secuencia de tareas sucesivas es alta, por lo que la combinación perfecta de cómo resolver la sobrecarga de recursos tal que la duración sea la menor posible resultará en una «mejora» bastante menor a esta incertidumbre. Es como tratar de expresar el costo de una actividad en 10.281 dólares cuando la incertidumbre seguramente está en los miles o centenas. Una pérdida de tiempo.

Las tareas de la Cadena Crítica

Resuelto este punto, el siguiente paso es identificar el conjunto de tareas claves del proyecto, a las cuales el doctor Goldratt llamó *la Cadena Crítica*.

Definición: La Cadena Crítica es la secuencia más larga de actividades de la red del proyecto, teniendo en cuenta tanto la dependencia de tareas como de recursos. La Cadena Crítica es la restricción del proyecto. La duración total del proyecto es la duración de la Cadena Crítica más el buffer de proyecto.[14]

Esta definición aporta nuevos elementos que le dan a este conjunto pequeño de tareas las siguientes particularidades:

— Son pocas en relación al total de tareas del proyecto y además son la restricción del proyecto, es decir, el elemento más importante. Habíamos comentando en el primer capítulo que la Teoría de Restricciones postula que el máximo desempeño que puede lograr una organización está dictado por su restricción y, por lo tanto, si uno quiere manejar el sistema y no que el sistema lo maneje a él, debe identificar esa restricción y operar en función de ella. En la aplicación en el ambiente de proyectos, se identifica a esa restricción como este conjunto de tareas claves.

— Enfocan al líder y equipo de proyecto. Al tratarse de la restricción del proyecto, durante la ejecución es necesario lograr el máximo de ellas, lo que implica realizarlas lo más rápido posible. Es necesario y prioritario saber el detalle de la tarea clave que en ese momento se está ejecutando. No así con el resto de las tareas, que son la gran mayoría. Basta con saber que empezaron cuando les dimos la orden y que están trabajando a ritmo normal.

— Determinan el avance real del proyecto. A diferencia de las metodologías tradicionales, solo se reportará avance cuando una de las tareas claves haya sido terminada. Se podrá dedicar mucho tiempo y esfuerzo a las otras tareas, pero mientras no se termine alguna tarea de las claves no se reporta avance del proyecto. Esto implica un cambio muy importante que ampliaré cuando veamos la ejecución, monitoreo y control del proyecto.

— Junto con el buffer de proyecto, determinan la duración total del proyecto.

---

14 Definición del diccionario del TOCICO, edición 2012. Theory of Constraints International Certification Organization.

El buffer de proyecto

Definición: El buffer de proyecto es un tiempo puesto al final del proyecto que lo protege de las variaciones que puede requerir el completar las tareas de la Cadena Crítica.[15]

¿Supongo entonces que estaban esperando algún tipo de protección? Dado que las estimaciones que traemos son de baja probabilidad de cumplimiento, y sabemos que podemos reducir, pero no eliminar los imprevistos e incertidumbres, sería suicida una metodología que no los tuviera en cuenta. El buffer de proyecto es la protección que la Cadena Crítica usa para absorber las incertidumbres. Por qué es inteligente protegerse de manera global y no local, dónde se ubica, cómo se dimensiona y cómo se usa, son aspectos que trataré con profundidad en este capítulo, un poco más adelante.

Siguiendo con el ejemplo, identificaremos esta secuencia de tareas que el doctor Goldratt llamó *Cadena Crítica* (y que en este libro denomino también como *tareas claves*).

Figura 4.8 Las tareas de la Cadena Crítica

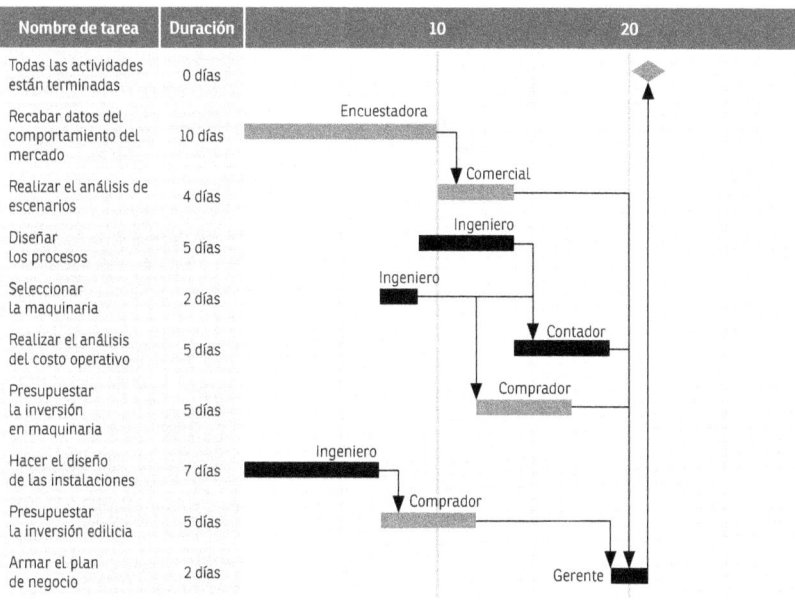

---

15 Definición del diccionario del TOCICO, edición 2012. Theory of Constraints International Certification Organization.

En negro están identificadas las tareas que componen la secuencia más larga de actividades dependiente a través de la red del proyecto, teniendo en cuenta tanto la dependencia de tareas como de recursos.

Se puede observar que la duración de esta secuencia de tareas es de 7 + 2 + 5 + 5 + 2 = 21 días. Al ser estimaciones agresivas con baja probabilidad de cumplimiento, debemos protegerlas frente a las variaciones. Lo hacemos con el buffer de proyecto. ¿Qué duración debe tener este elemento? Depende de la incertidumbre general del proyecto y particular de las tareas claves.

Una primera aproximación sugerida por el doctor Goldratt es la de dimensionar esta protección como la mitad de la duración de las tareas claves de la Cadena Crítica. Si partimos de que recortamos a la mitad las estimaciones tradicionales, es razonable que no necesitemos toda esa protección al final. Esto se debe a que, eliminadas las causas por las cuales se desperdician las protecciones, algunas duraciones mayores a las estimadas se compensan con algunas menores.

Hablando mal, diríamos que los atrasos y los adelantos se compensan. Y quiero poner énfasis en que lo anterior está mal verbalizado, ya que durante la ejecución no existen tiempos intermedios a cumplir, solo el del proyecto, por lo que no podemos y no debemos decir que una tarea está atrasada o adelantada.

Siguiendo esta primera aproximación, la duración del buffer de proyecto es de 10 días y se inserta al final, protegiendo la fecha de finalización del proyecto.

Figura 4.9 El buffer del proyecto

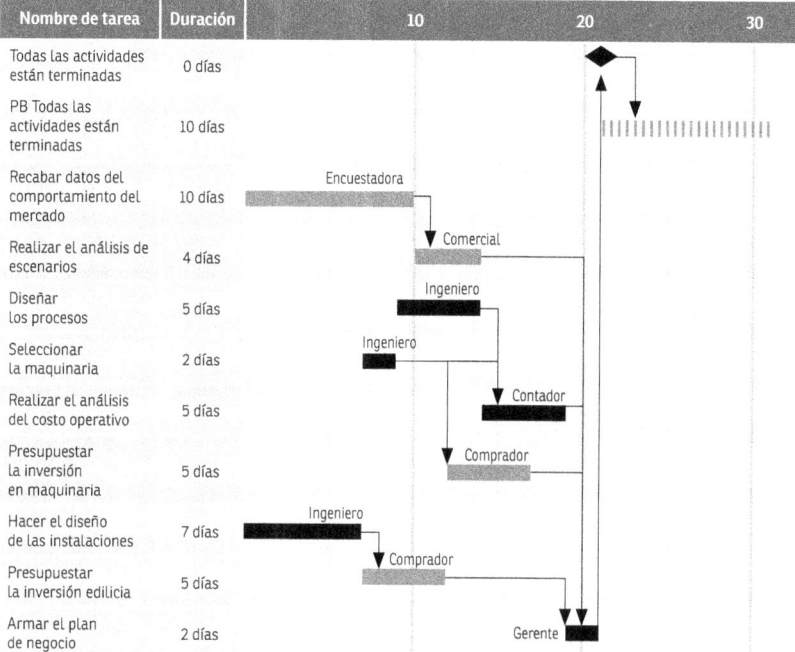

Hasta ahora hemos identificado el conjunto de tareas claves, hemos creado e insertado el buffer de proyecto. ¿Qué hacemos con el resto de las tareas? ¿Cómo y cuándo las programamos? ¿Qué cuidados debemos tener?

Los buffers de alimentación

Veamos en el cronograma de la figura 4.9 la secuencia de tareas «Recabar datos del comportamiento del mercado» (duración estimada de 10 días) y «Realizar el análisis de escenarios» (duración estimada de 4 días). Los estimados de tiempo son agresivos, por lo cual está dentro de las posibilidades que la ejecución de ambas lleve más de 14 días. Esta cadena lateral es necesaria para que la tarea clave «Armar el plan de negocio» pueda comenzar. Al ser una tarea clave, no queremos que su inicio sea demorado por una tarea lateral, por lo que se puede presentar el siguiente dilema:

Figura 4.10 El conflicto: inicio tardío vs. temprano

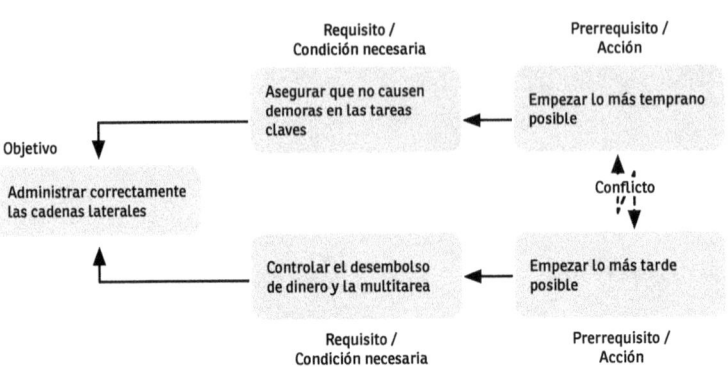

Si queremos gestionar de manera inteligente las tareas laterales, por un lado deberemos asegurar que la ejecución de estas no cause demoras en las tareas claves. O sea, que el inicio no se vea demorado por alguna de las tareas laterales. Para ello, una acción deseable es programarlas y empezar su ejecución lo antes posible.

Por otro lado, debemos cuidar el desembolso de dinero en el proyecto, sobre todo en situaciones donde no se cuenta con el monto total al iniciar, sino que se va obteniendo a medida que se avanza en la ejecución. Este puede ser el caso de un proyecto inmobiliario, donde parte de la venta de las unidades es utilizada para cubrir los gastos. No es lo mismo gastar 100.000 dólares en el mes 1 que en el mes 4. Si podemos postergar las erogaciones de dinero sin afectar el proyecto, debemos hacerlo.

En esta misma dirección nos encontramos cuando vemos la carga de trabajo. Empezar las tareas lo más tarde posible tiene como ventaja escalonar la carga de trabajo y de esa manera disminuir la multitarea de los recursos. Empezar todo junto en general genera caos e ineficiencia en los recursos, ya que no es lo mismo administrar en un momento dado cinco tareas en ejecución que quince.

Entonces, para las tareas laterales existe el dilema representado en la figura anterior. ¿Qué hacemos? ¿Empezamos lo más temprano o lo más tarde posible?

La respuesta de la metodología de Cadena Crítica a esta pregunta es empezar un buffer de alimentación antes. Ni más temprano, ni más tarde, sino con un tiempo suficiente para proteger el inicio de las tareas claves. Como hicimos con el buffer de proyecto, comenzaremos dimensionando esta protección con una duración igual a la mitad de la suma de los estimados de las tareas que integran esa cadena lateral. En el ejemplo de la figura 4.9 tenemos tres cadenas laterales, por lo tanto tendremos tres buffers de alimentación.

- Cadena lateral 1: (recabar datos del comportamiento del mercado y realizar el análisis de escenarios):
  — Duración estimada de la cadena: 14 días
  — Buffer de alimentación: 7 días
- Cadena lateral 2: (presupuestar la inversión en maquinaria):
  — Duración estimada de la cadena: 5 días
  — Buffer de alimentación: 3 días
- Cadena lateral 3: (presupuestar la inversión edilicia):
  — Duración estimada de la cadena: 5 días
  — Buffer de alimentación: 3 días

Figura 4.11 El buffer del proyecto y los buffers de alimentación

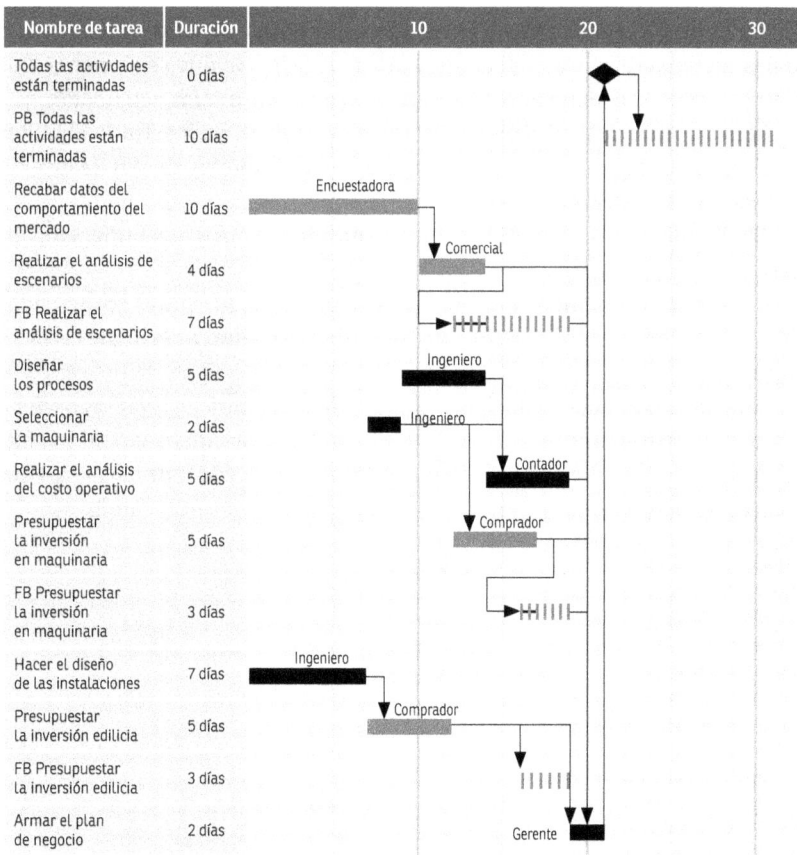

En la figura se puede observar que se insertaron los tres buffers de alimentación. Cada uno de ellos tiene la siguiente nomenclatura:

— FB corresponde a las palabras en inglés Feeding Buffer
— La última tarea de la cadena lateral
— La tarea clave que alimenta

Aunque aquí no se muestre, es útil emplear el campo *Identificador exclusivo*. Este contiene el número que Microsoft Project designa automáticamente siempre que se crea una nueva tarea, recurso o asignación en el proyecto actual.[16]

El identificador exclusivo es útil para hacer referencia a las tareas, ya que la fila en la que está una tarea puede e irá cambiando a medida que insertemos tareas o buffers.

En la figura anterior se ha insertado cada buffer de alimentación entre la última tarea de la cadena lateral y la tarea clave a la que se alimenta. Por ejemplo, para la cadena lateral compuesta por las primeras actividades que alimenta a la tarea clave *armar el plan de negocio*, se ha insertado el buffer de alimentación. En el cronograma aparece con el nombre de: FB Realizar el análisis de escenarios.

Siguiendo la misma lógica, se han insertado los otros dos buffers de alimentación.

Finalmente, tenemos la protección del proyecto, PB Todas las actividades están terminadas, donde PB corresponde a las palabras en inglés Project Buffer.

Muchas veces ocurre que hay espacio suficiente para insertar los buffers, o sea que entre la terminación de la última tarea de la cadena lateral y el inicio de la tarea clave hay un tiempo mayor a la duración de la protección. Pero a veces no ocurre esto, como en el ejemplo que estamos trabajando.

---

16 Referencia de la ayuda de Microsoft Office Project.

Figura 4.12 Inserción de los buffers de alimentación

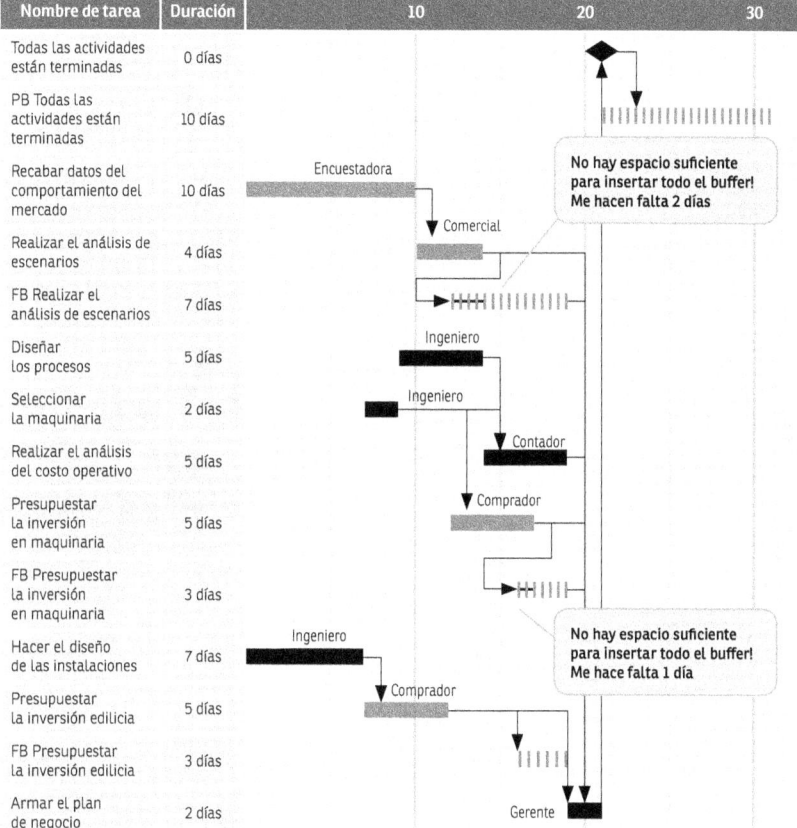

Se puede observar que para dos de los buffers de alimentación no hay espacio suficiente para insertarlos. Para el primero, la duración es de 7 días y hay espacio para 5 días, o sea, faltan 2; para el segundo, la duración es de 3 días y hay espacio para 2 días, o sea, falta 1.

Considero que la mejor solución tanto práctica como conceptual es insertar la cantidad de protección posible y agregar la diferencia a la protección global del proyecto. En este ejemplo el buffer de proyecto se verá incrementado en 3 días (2 + 1).

Figura 4.13 Consolidando los riesgos de integración

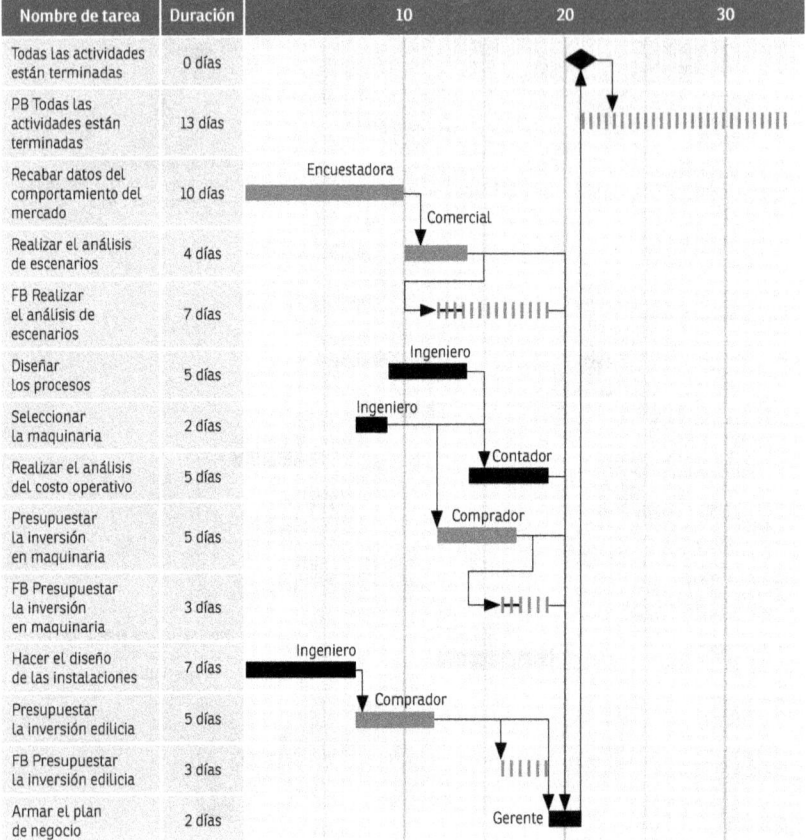

Esta manera de resolver la inserción de los buffers de alimentación tiene en cuenta dos aspectos centrales: la continuidad de las tareas claves y el proyecto como un todo.

Podríamos haber pensado—y de hecho algunos softwares lo hacen— en dejar un hueco en la Cadena Crítica. Por ejemplo, esos 2 días que nos hacen falta para insertar la protección de 7 días, se pueden generar desplazando la tarea clave «Armar el plan de negocio» 2 días hacia adelante. La duración total sigue siendo la misma, pero se está dando una señal un poco contradictoria. ¿Cómo puede ser que programe espacios de tiempo donde no hay una tarea clave para trabajar? ¿No era la restricción del proyecto?

A mi entender, elegir este camino es un error conceptual que influirá mucho en la ejecución de las tareas. Para el éxito del proyecto es más importante la ejecución que la planificación. Ahí es donde nos jugamos el partido, y gran parte del éxito dependerá de cómo encaremos las tareas claves, por lo que definitivamente no quiero programar momentos sin ellas.

La duración del proyecto

Hemos llegado entonces a la primera versión del cronograma realizado con la metodología de Cadena Crítica.
La duración es de 34 días. Recuerden que con la programación del camino crítico se obtenía una duración de 45 días. No es posible determinar matemáticamente la mejora para la globalidad de los casos, pero sí podemos afirmar que en la gran mayoría de los proyectos la duración que se obtiene con la metodología de Cadena Crítica es menor que con el camino crítico.

Además, los cambios en los comportamientos que se generan, la manera de realizar la ejecución del proyecto y el uso de las protecciones globales hacen que la probabilidad de cumplimiento de la fecha prometida sea muy alta. Esto lo veremos con mayor profundidad en el siguiente capítulo.

> LOS PROYECTOS CON CADENA CRÍTICA DURAN MENOS
> Y TIENEN MAYOR PROBABILIDAD DE CUMPLIMIENTO.

Dimensionamiento de los buffers

El dimensionamiento de los amortiguadores tiene en cuenta una mezcla integrada por: una medida de sentido común, una cuota de experiencia y algunas indicaciones genéricas. De modo muy general se puede indicar que la magnitud del buffer sea de 50 % de la duración total de la cadena a la que pertenece. Hay que considerar algunos puntos:

— Si en la cadena (ya sea la crítica o una auxiliar) existen tareas cuya duración está determinada con mucha precisión, su aporte al buffer debe ser nulo. Por ejemplo, si en una cadena lateral cuya duración estimada es de 20 días hay una tarea que consiste en una espera de 48 horas (2 días) para proceder a la siguiente, entonces el buffer de alimentación correspondiente será del 50 % de (20 - 2) = 9 días.

- Si en la cadena en cuestión hay alguna tarea cuya incertidumbre es realmente muy grande y tenemos muchas dudas sobre su duración, conviene aumentar en consecuencia la duración del buffer correspondiente.
- Si entendemos que las estimaciones que se han empleado han sido generosas y no agresivas como se pretende, es conveniente que el buffer sea considerablemente menor que el 50 % de la cadena considerada.
- En ocasiones todas las tareas de una cadena lateral corresponden a un tercero en modalidad de subcontrato y por ello nosotros no tendremos mucha incidencia en la manera de manejar la realización de las tareas. En estos casos, como el contratista tiene un compromiso contractual con una determinada fecha, podemos tomar como duración de la cadena la que corresponde con esa fecha, o protegerla con un pequeño buffer, si desconfiamos de las habilidades de gestión del contratista para cumplir con sus compromisos.

Atención: los buffers no deben ser variables de ajuste cuando, por ejemplo, la fecha de terminación del proyecto no es la adecuada o la deseada por los *sponsors*. En esos casos hay que tomar medidas de ajuste en diversos puntos, pero de ninguna manera deben recortarse los buffers de protección; este es un error frecuente que debe evitarse pues tiene consecuencias nefastas.

La experiencia indica que si las estimaciones individuales de las tareas realmente se han realizado de un modo agresivo y el proyecto no tiene tareas particularmente inciertas, un buffer del 50 % de la duración de la Cadena Crítica es satisfactorio.

Pronto, listo, ya

En la ortodoxia de la gestión de proyectos con Cadena Crítica existe otra clase de buffer que se conoce como *buffer de recurso*. Se trata de un mecanismo de alerta que se emplea para asegurar que los recursos que trabajarán en las tareas de la Cadena Crítica estén disponibles cuando corresponda. De modo simple, este buffer consiste en ir manteniendo bajo aviso a un determinado recurso, de modo que sepa con tiempo que se aproxima su momento para comenzar a trabajar en una tarea de la Cadena Crítica y así se pueda preparar en forma adecuada para que no haya retrasos en su inicio.

Fundamentalmente, en las tareas de la Cadena Crítica se trata de trabajar en una modalidad similar a la de las carreras de posta o de relevos, en las cuales el corredor está expectante a que su compañero le entregue la posta

—o testigo— para salir a toda velocidad a cumplir con su parte y entregarle la posta a su compañero siguiente. El buffer de recurso, a diferencia de los otros, no agrega tiempos a la planificación.

Su aplicación práctica no siempre es sencilla, pues algunos recursos no pueden estar a la orden de manera variable y requieren que se feche con antelación cuándo será el momento en el que puedan comenzar. En estos casos es importante establecer anticipadamente cómo se procederá, y debe tenerse en cuenta que en relación a las tareas de la Cadena Crítica es preferible que el recurso espere por la tarea y no que la tarea espere por el recurso.

Identificadas las tareas de la Cadena Crítica, es necesario planificar cómo se realizará la coordinación entre la finalización de una y el inicio de la siguiente. En los diagramas de proyectos esa relación se expresa a través de una flecha que une ambas tareas, con algunas particularidades. Por ejemplo, la duración de esa flecha es igual a cero. Entre el fin de una tarea y el inicio de la siguiente no transcurre tiempo. Los que tenemos experiencia en gestionar proyectos sabemos que esto funciona solo en los diagramas de papel, ya que en la realidad estos tiempos son mayores que cero; en algunos casos, de horas o días.

En la etapa de planificación debemos establecer, para el conjunto de tareas claves, cuáles serán los criterios y detonantes para que el o los recursos de la próxima tarea se vayan preparando. No podemos darnos el lujo de desperdiciar tiempo en este conjunto de tareas críticas del proyecto. Debemos saber, para cada una de ellas, en qué momento querremos que estén prontas y en qué momento, listas para comenzar el trabajo.

Dada una tarea de la Cadena Crítica, debemos identificar a priori cuáles instancias se irán logrando que me permitan comunicar y coordinar con los recursos el inicio de la siguiente.

Veamos esto en el ejemplo que estamos trabajando. Las primeras tres tareas las realiza el ingeniero. Basta con comunicarle al ingeniero la secuencia de trabajo y que cuando finaliza una tarea inmediatamente inicia la siguiente. En este caso, al ser el mismo recurso resulta más sencillo, y el cuidado que debemos tener se da en que hayamos negociado bien con el resto de la organización que este recurso esté destinado *full time* al proyecto y que no se le pueda dar otra tarea. Debemos pedirle al ingeniero que ante cualquier intento de desvío u obstáculo que surja, avise inmediatamente al líder de proyecto.

Luego tenemos la cuarta tarea de la Cadena Crítica: realizar el análisis del costo operativo, que efectúa el contador. Al inicio del proyecto debemos comunicarle un rango razonable de tiempo en el cual deberá iniciar su tarea.

A medida que se vaya avanzando en el proyecto, iremos reduciendo ese rango y comunicándoselo. Cuando se inicie la tercera tarea crítica le pediremos que esté **pronto**. Que en el mejor de los casos podría estar empezando en 2 días y que en el peor de los casos, en 10. Al mismo tiempo determinaremos qué instancia de la tarea anterior nos permite tener un grado mayor de certeza sobre su terminación. Por ejemplo, cuando el ingeniero tenga los planos hechos y esté realizando una revisión general, entonces le pediremos que esté **listo**. Que a partir de ese instante, en cualquier momento le daremos el okey de inicio. Y en el instante en que el ingeniero termine la tarea, le damos el **ya**. A comenzar a toda máquina.

Cada tarea de la Cadena Crítica debe tener pensado los momentos del *pronto, listo y ya*. Debemos hacer esto en la instancia de planificación y no en la ejecución. Es muy probable que las cosas no se den como las planificamos y haya que hacer ajustes, lo que veremos en el capítulo siguiente. Sin embargo, tener el plan pensado desde antes facilitará mucho esta etapa.

Por último, quisiera comentar nuevamente que esto lo hacemos con un porcentaje muy pequeño del total de las tareas del proyecto: Cadena Crítica es una metodología de priorización, y eso se ve reflejado en todos sus aspectos. Para el resto de las tareas, el tratamiento es el habitual.

El buffer de costo del proyecto

Hemos visto cómo proteger globalmente al proyecto con tiempo, pero no con dinero. En el capítulo anterior mencioné el proceso de estimar los costos de las actividades y que para hacerlo era necesario haber realizado antes la estimación de recursos y duraciones de las tareas.

Hay actividades cuyo costo no varía con la duración de la actividad. Por ejemplo, la compra de una maquinaria. El proveedor presupuestó 15.000 dólares y así lleve 15 días o 30, el costo andará en ese entorno. Tenemos poca incertidumbre en este parámetro; no así en el tiempo. Hay actividades cuyo costo sí varía con su duración. Por ejemplo, un trabajo en el cual las soldaduras de una instalación se cotizaron con base en la hora hombre soldador. La hora hombre vale 50 dólares. Si la actividad se hace en 8 horas, costará 400 dólares, y si se hace en 16, costará el doble.

Como en la planificación estamos tomando estimaciones agresivas de tiempo, para este tipo de tareas en donde el costo depende de la duración real (no estimada) es necesario tener una protección global de dinero.

Definición: El buffer de costo es una porción del costo total del proyecto que se utiliza para protegerlo de las incertidumbres. Al igual que las protecciones de tiempo son retiradas de cada tarea, las protecciones de costo son retiradas de cada actividad de costo. La función del buffer de costo es similar al buffer de proyecto en cuanto busca protegerlo como un todo frente a las incertidumbres en las estimaciones. El buffer de costo debe ser menor que la suma de las protecciones individuales.[17]

El tamaño del buffer de costo del proyecto se estima de la siguiente manera:

— Para las tareas cuyo costo depende de la duración, se hace la suma de los costos y se toma un valor del orden del 50 %.
— Para el resto de las tareas se analiza la incertidumbre, se suman los costos y se toma un porcentaje del total.
— Se suman estos dos valores y se decide un valor final de protección.

Apliquemos lo anterior al ejemplo. Hay dos tipos de tareas, una hecha por un proveedor externo —recabar datos del comportamiento del mercado— y el resto la hacen recursos internos. En el primer caso, la propuesta no tiene bien definido el alcance y el precio no es cerrado, por lo que contribuirá al buffer de costo.

Para el segundo grupo de tareas, las internas, a efectos del ejercicio tomaré un costo diario de cada recurso. En la práctica raramente hacemos esto, ya que en general al personal de una organización no se lo mantiene contratado por proyecto, sino que se le paga un salario mensual independiente de si trabajó mucho o poco, en estas actividades o en aquellas.[18]

Entonces, para la determinación de la protección sumaremos el costo de este grupo de actividades —me refiero a todas excepto la que contratamos a la encuestadora— y tomaremos como una protección un poco mayor a la sugerida: dos tercios de su suma, o sea, 9500 dólares.

Dada las características del proyecto, decido adicionar a los 9500 dólares un 50 %, por lo que el buffer de costo será de 14.250 dólares. El presupuesto del proyecto, o sea, el costo total que se prometerá, se obtiene sumando el costo de todas las actividades (24.250 dólares) más la protección (14.250 dólares), lo que da un redondeo en 40.000 dólares.

---

17 Definición del diccionario del TOCICO, edición 2012. Theory of Constraints International Certification Organization.

18 El enfoque de TOC para el tratamiento de los costos y la toma de decisiones excede el alcance de este libro.

Los resultados se muestran en la siguiente planilla de cálculo.

Figura 4.14 El buffer de costo del proyecto

Nombre de actividad	Estimación agresiva	Nombres de los recursos	Costo del día de trabajo	Estimación agresiva
Todas las actividades están terminadas	0 días			
Recabar datos del comportamiento del mercado	10 días	Encuestadora		$ 10.000
Realizar el análisis de escenarios	4 días	Comercial	$ 300	$ 1.200
Diseñar los procesos	5 días	Ingeniero	$ 450	$ 2.250
Seleccionar la maquinaria	3 días	Ingeniero	$ 450	$ 1.350
Realizar el análisis del costo operativo	5 días	Contador	$ 300	$ 1.500
Presupuestar la inversión en maquinaria	5 días	Comprador	$ 300	$ 1.500
Hacer el diseño de las instalaciones	7 días	Ingeniero	$ 450	$ 3.150
Presupuestar la inversión edilicia	5 días	Comprador	$ 300	$ 1.500
Armar el plan de negocio	3 días	Gerente	$ 600	$ 1.800
Costo de las actividades con incertidumbre				14.250
Buffer de costo del proyecto				14.250
Costo total del proyecto				**$ 40.000**

LAS ITERACIONES EN LA CADENA CRÍTICA

Nos encontramos con que la primera fecha que tenemos como resultado de la planificación no es adecuada. Puede ser que entre los requerimientos del *sponsor* del proyecto o algunos interesados clave hay una determinada duración como límite máximo, y la que surge inicialmente de la primera pasada de planificación es superior. ¿Qué hacemos?

Por definición y por metodología, la duración de las tareas claves de la Cadena Crítica más el buffer de proyecto determinan la duración planificada del proyecto. Por ello, para acortar la duración total debemos operar sobre las tareas claves de la Cadena Crítica.

Por ejemplo, si es técnicamente posible hacer en paralelo tareas que están planteadas en secuencia desde el inicio, se puede cambiar la estructura de lo planificado y eso puede acortar los tiempos de duración del proyecto. Estos cambios implican el uso de recursos de modo diferente, lo que generalmente conlleva costos distintos.

En el trinomio *plazo, prestaciones y presupuesto*, establecer una restricción en una de sus dimensiones afecta a los otros; si el plazo no puede superar determinado límite y si las prestaciones no pueden modificarse, entonces el presupuesto será mayor en la medida que tengan que involucrarse más recursos.

En ocasiones las condiciones en el tiempo afectan a una porción del proyecto o a determinados detalles; por ejemplo, si se pretende inaugurar antes de tal fecha, puede ser aceptable que para la inauguración estén terminados los aspectos de estructura y queden para finalizar algunos asuntos de terminaciones o detalles. Ejemplo: se inaugura el hospital, enseguida se atienden pacientes (fase I), y luego se concluyen los trabajos de enjardinado exterior y cartelería secundaria (fase II).

He visto en varias oportunidades que los *sponsors* del proyecto presionan al líder de proyecto para prometer una fecha, determinado alcance y presupuesto. O sea, restringen los 3 parámetros. Mi sugerencia es que la primera respuesta que se debe dar es que la chance de éxito es la misma que para ganar la lotería. Es necesario dejar al menos uno de los parámetros variables para lograr los otros dos.

Lo que no se debe hacer

- **No toque el buffer de proyecto**

Este es un buen momento para plantear un consejo muy útil: jamás recorte el buffer. En todos los proyectos surge la misma tentación de reducir la protección, suponiendo que «las cosas saldrán bien», o que «ese buffer es exagerado». Cuando la motivación para reevaluar el buffer surge porque la duración del proyecto no es satisfactoria, hay que operar sobre el alcance, su pertinencia y magnitud, sobre la tecnología aplicada para realizar las tareas, sobre los recursos o la secuencia alternativa de operaciones, pero no sobre la magnitud de la protección, pues esta es una puerta para volver a la planificación voluntarista que supone que el viento siempre soplará a nuestro favor y nunca en contra.

- **Las estimaciones agresivas no admiten recortes**

Salvo que se reformulen las tareas, tampoco sus estimaciones deben recortarse porque se realizaron de modo agresivo, por lo que no deben tener de dónde «sacar tiempo» (lo más probable es que en muchos casos les falte tiempo para su realización).

Lo que sí se debe hacer

Hacer visible para todo el equipo las tareas claves del proyecto. Por ejemplo, hacer una impresión grande de este conjunto de tareas y su cronograma.

Hacer un análisis profundo de cada tarea clave, identificando y diferenciando claramente en el cronograma las dependencias lógicas de las dependencias de recursos.

- **Plantee un desafío imposible**

Un disparador interesante y útil para una reunión del equipo de proyecto es plantearse: «¿Qué podríamos hacer para acortar el plazo a la mitad del original?». Luego de la sorpresa inicial por plantear un desafío tan grande, comienzan a surgir ideas, muchas de las cuales no tienen demasiado valor, pero suele encontrarse entre la cantidad alguna *joyita* que de no haberse planteado una instancia como esta, no se hubiese encontrado.

- **Use el dinero del proyecto**

Es una buena práctica de gestión conocer el valor operativo del proyecto, es decir cuánto produce el proyecto en operación. Digamos que estamos instalando un salón comercial y se estima que cuando opere generará 10.000 dólares de utilidad por semana. Si alguna medida de aceleración en la Cadena Crítica tiene un impacto semanal y un costo inferior a los 10.000 dólares, entonces es conveniente aplicarla.

Cada mejora que realice en una o algunas de las tareas claves del proyecto, es probable que cambie la duración de la Cadena Crítica y del buffer de proyecto. Recuerde que la magnitud de este es consecuencia de la duración e incertidumbre de las tareas de la Cadena Crítica. Menor duración, menor incertidumbre y por lo tanto menor tamaño de la protección.

Una vez hechos los cambios en el cronograma, es necesario identificar el nuevo conjunto de tareas claves y validar si cumplimos con el requisito de plazo. Hay que hacer este proceso tantas veces como sea necesario hasta lograr el objetivo. La experiencia en estas iteraciones me ha mostrado que en las primeras 2 o 3 vueltas el impacto es de gran magnitud, y luego las mejoras son pequeñas.

Si estuvimos trabajando con el presupuesto, es decir, si las mejoras al cronograma se hicieron usando más dinero, ya sea agregando recursos o cambiando la manera de hacer las actividades, y aún no logramos tener un plazo adecuado, es necesario recortar el alcance, o sea, trabajar con el otro parámetro.

Supongamos que en el ejemplo que estamos siguiendo existe un requisito del *sponsor* de que el proyecto no dure más de cuatro semanas, o sea, 28 días. En la primera versión del cronograma, obtuvimos una duración de 34 días (figura 4.13).

El primer paso es tener muy buena visibilidad y análisis de las tareas de la Cadena Crítica.

Figura 4.15 Análisis de la Cadena Crítica

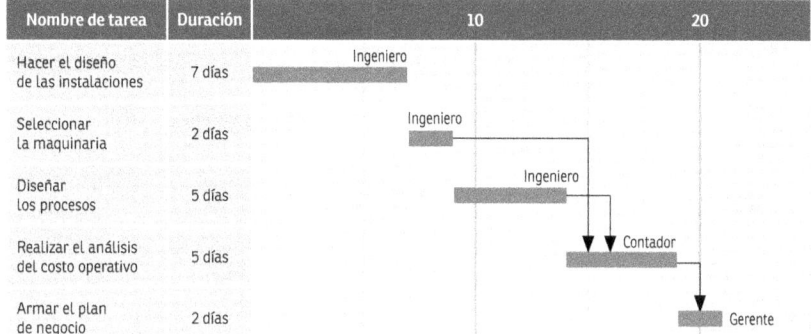

La figura muestra solo estas actividades. Vemos que hay dependencias tanto lógicas como de recursos, por lo tanto las mejoras en las tareas claves se pueden lograr:

— Agregando más recursos.
— Rompiendo las dependencias lógicas.

Elegiré en este caso agregar un ingeniero. Esto impactará en la secuencia de las actividades que este realiza, ya que al agregar un recurso adicional dos de ellas se podrán programar en paralelo. Es muy probable que cambie el conjunto de tareas claves y al hacerlo también haya un impacto en la duración del buffer de proyecto. Recuerden que este depende de la longitud total del conjunto de tareas clave.

Es necesario repetir la secuencia de pasos que hicimos hasta lograr el cronograma final. Esto es, resolver que la carga sobre los recursos no supere su capacidad, identificar la secuencia más larga de tareas teniendo en cuenta tanto la dependencia lógica como de recursos, crear e insertar los buffer de proyecto y de alimentación. El resultado de la nueva programación se muestra en la siguiente figura.

Figura 4.16 Iteraciones de la Cadena Crítica

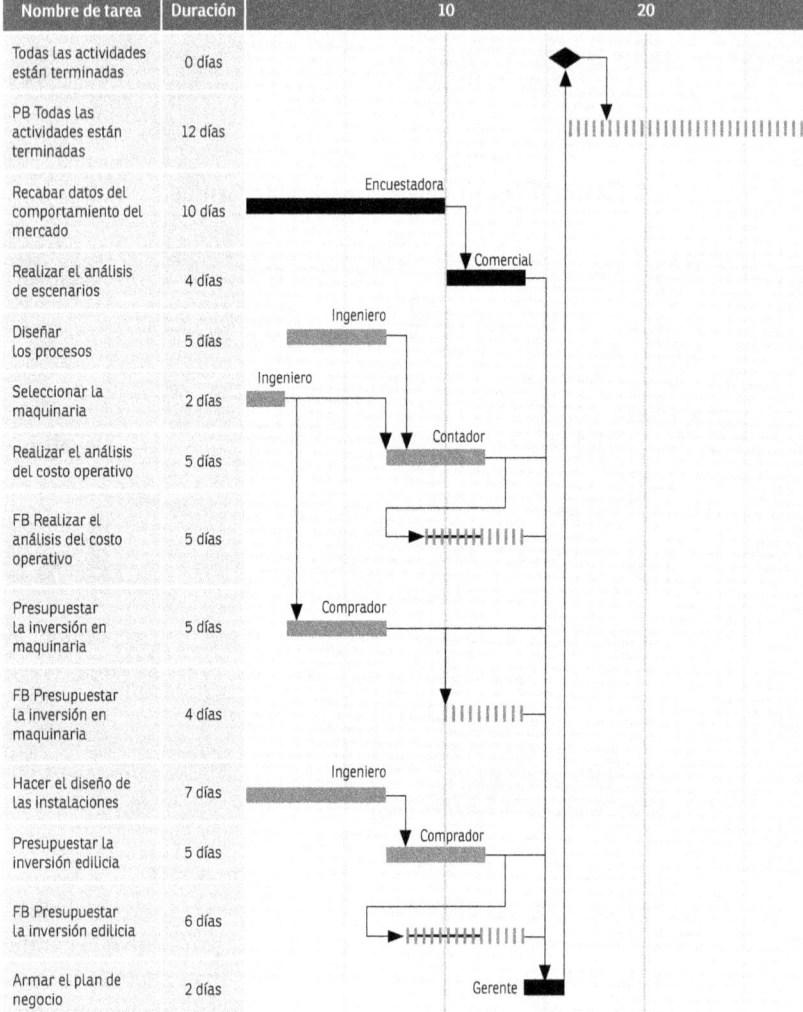

El impacto de agregar un ingeniero más al proyecto resultó en un plazo menor, 28 días, en vez de 34, que es el requisito que estábamos buscando satisfacer. Sin embargo, en las iteraciones tomamos acciones que impactan en muchos de los procesos y aspectos claves de la planificación.

Por ejemplo, el conjunto de tareas claves en donde el equipo de proyecto estará enfocado cambió. Ahora está integrado por las actividades «Recabar datos del comportamiento del mercado», «Realizar el análisis de escenario» y «Armar el plan de negocio». Esto implica que se debe hacer un análisis en detalle de cada una de ellas. Esto agrega nuevas incertidumbres que se deben tratar otra vez en la gestión del riesgo y de adquisiciones.

¿Qué tipo de contrato me conviene hacer con la empresa encuestadora? No le daremos el mismo tratamiento cuando pertenece al conjunto de tareas claves que cuando no. Lo mismo ocurre con los riesgos; quizás en el análisis previo, como el impacto de los riesgos de esta actividad era menor y teníamos un buffer de alimentación, decidimos no tomar acciones. Ahora la película cambió; el impacto es en el buffer de proyecto.

Hay que ver también el impacto en el costo y buffer de costo. El hecho de conseguir un ingeniero más quizás implique un costo mayor. Este se puede expresar como un aumento del costo diario o semanal. Para el ejemplo, el ingeniero provendrá del extranjero y su costo semanal será de 4000 dólares más viáticos y pasajes.

Si programamos que este ingeniero haga la tarea —«Hacer el diseño de las instalaciones»—, el costo en 7 días aumenta en 4000 más 2000 de viáticos y pasajes menos 450 * 7 (costo del ingeniero local). O sea, aumenta en 2850.

Figura 4.17 Impactos en el costo y buffer de costo

Nombre de actividad	Estimación agresiva	Nombres de los recursos	Costo del día de trabajo	Estimación agresiva
Todas las actividades están terminadas	0 días			
Recabar datos del comportamiento del mercado	10 días	Encuestadora		$ 10.000
Realizar el análisis de escenarios	4 días	Comercial	$ 300	$ 1.200
Diseñar los procesos	5 días	Ingeniero	$ 450	$ 2.250
Seleccionar la maquinaria	3 días	Ingeniero	$ 450	$ 1.350
Realizar el análisis del costo operativo	5 días	Contador	$ 300	$ 1.500
Presupuestar la inversión en maquinaria	5 días	Comprador	$ 300	$ 1.500
Hacer el diseño de las instalaciones	7 días	Ingeniero exterior		$ 6.000
Presupuestar la inversión edilicia	5 días	Comprador	$ 300	$ 1.500
Armar el plan de negocio	3 días	Gerente	$ 600	$ 1.800
Costo de las actividades con incertidumbre				17.100
Buffer de costo del proyecto				17.100
Costo total del proyecto				**$ 44.000**

El costo total del proyecto es de 44.000; o sea, aumentó un 10 %.

IMPACTO EN LOS PROCESOS DE PLANIFICACIÓN

Lo vimos en el ejemplo y lo desarrollaré un poco más formalmente. La planificación es un conjunto de procesos y actividades interrelacionadas. No es un proceso lineal, sino iterativo. Los cambios que hago en un proceso de planificación seguramente tengan impactos en los otros y debo analizarlos e incluirlos en el plan de proyecto.

La siguiente gráfica resume los procesos de planificación y muestra las interacciones. En el centro está el objetivo de esta etapa, que es el tema central del capítulo anterior y de este: el plan para la dirección del proyecto.

Figura 4.18 Plan para la dirección del proyecto

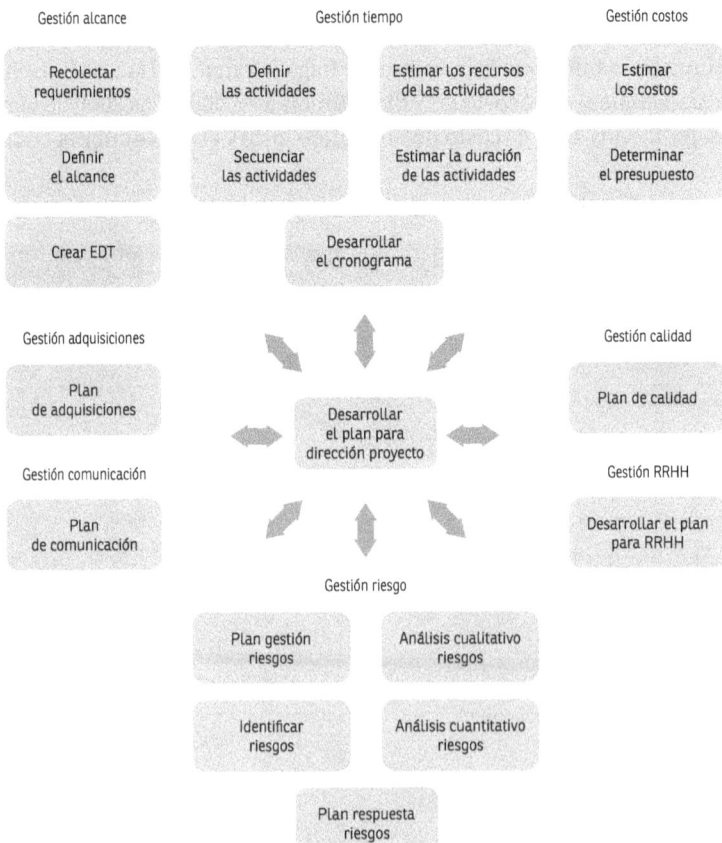

Considero que si alguien incorpora a sus proyectos lo comentado en estos últimos dos capítulos, será suficiente para que el nivel de su planificación tenga una gran mejora. Como ya lo mencioné, considero que el partido se juega en la ejecución, lo que ahí hagamos y cómo gestionemos esta etapa hará la gran diferencia.

Una planificación razonable sienta las bases para una buena ejecución, pero no creo que sea necesario dar más detalle o profundidad de la que vimos. Una hora de planificación equivale a muchas horas ahorradas en la ejecución, pero llega un momento donde esta relación se vuelve asintótica... Una hora más de planificación no agrega nada, sino que empieza a perjudicar. Seguramente su experiencia le dirá dónde está este límite.

CONSIDERACIONES FINALES

Ha trabajado duro en el plan para la dirección del proyecto. ¿Está listo para empezar la ejecución? ¡No! Es momento de comprometer las 3 P y lograr su aceptación. Hasta ahora nos habíamos comprometido con lo escrito en el acta de constitución, en la cual probablemente para algunas de las P había un rango razonable. En este momento hemos logrado definir con mayor detalle el plazo, presupuesto y prestaciones, y debemos validar si son aceptables para los que autorizan el proyecto.

Según lo establecido en el plan de comunicaciones, al finalizar la fase de planificación, el líder del proyecto mantiene entrevistas con los involucrados en el proyecto. En estas reuniones, tal como se había anunciado, se presenta el producto de la fase de planificación. La idea principal para estas entrevistas es que la presentación sea completamente personalizada, es decir, que cada stakeholder reciba la información general del proyecto a la fecha, pero teniendo en cuenta sus intereses particulares (que fueron relevados con anterioridad). La entrevista debe dar respuesta a las preguntas que legítimamente cada uno de los involucrados se puede hacer:

— ¿De qué modo se tuvieron en cuenta mis inquietudes?
— ¿Qué elementos de la planificación contemplan mis intereses y mis requerimientos?
— ¿Qué es lo que no se tuvo en cuenta de mis puntos de vista?

De modo explícito o implícito estas preguntas están en la cabeza de cada uno de los involucrados, y es muy oportuna esta reunión para ir dando las respuestas. Al ser una reunión de tipo personal, está la posibilidad de ser mucho más preciso y directo en las respuestas —fundamentalmente en aquellas que son las más difíciles, las que tienen que ver con aquellos asuntos que no se contemplaron en la planificación—.

De modo general, se puede decir que estas entrevistas no son de acuerdos, sino de información; pero debe también tenerse en cuenta que no todos los stakeholders son iguales y que los intereses particulares de los más importantes deben ser contemplados adecuadamente en la planificación o presentarse sólidos argumentos que justifiquen la imposibilidad de hacerlo.

La estructura de desglose del trabajo es una buena herramienta para romper el hielo y darle un marco a la comunicación, ya que se puede elegir qué niveles ver según la persona. Por ejemplo, si se reúne con una persona de mucho poder en la organización, a la que poco le interesa el detalle, pero sí los resultados, seguro utilice el acta de constitución y los primeros niveles de la EDT.

Si se reúne con el *sponsor* seguramente vea más detalle, si no es que este tuvo una gran participación en la planificación. No olvide los mano a mano con cada integrante del equipo, actores claves en el éxito del proyecto. Motivarlos a ellos es una de sus tareas principales, por lo que debe conocer sus intereses.

En esta etapa, la entrevista es el medio para comunicar de qué modo la planificación da respuesta a los intereses del stakeholder.

LA GESTIÓN DE BUFFERS

En este capítulo desarrollaré los aspectos relacionados con la ejecución y control del proyecto, que es donde se juega el partido. Lo que hemos visto hasta ahora es necesario para lograr buenos resultados, pero dista mucho de ser suficiente. Una adecuada planificación es la base para enfocarnos en las cosas importantes durante la ejecución y no perdernos en los detalles; pero es en la ejecución donde tomaremos las decisiones claves que incidirán en el éxito o en el fracaso del proyecto.

En mi experiencia como consultor he ayudado a distintas empresas en sus proyectos, y lo que en su momento me sorprendía, hoy dejó de hacerlo. Emprendimientos de cientos de miles a millones de dólares que se encaran con mucho esfuerzo y voluntad pero con muy poca metodología es algo bastante habitual. A tal punto que a veces he tenido que reducir mis expectativas y conformarme con aplicar algunos pocos conceptos de Cadena Crítica.

Es bastante difícil gestionar un proyecto cuya planificación es muy mediocre. Cuando esto ocurre, hay que gestionar tanto los imprevistos estúpidos como los inherentes al proyecto. Las prioridades cambian todo el tiempo y mantener el foco en lo importante se hace muy difícil. Debemos asegurarnos de que antes de comenzar la ejecución hayamos considerado algunos aspectos básicos (y por eso los comentarios escritos en el capítulo III). Tampoco debemos dedicar demasiado a la planificación, ya que, como comentaba, ahí no está la base del éxito; sí la del fracaso.

¿Cuánto tiempo deberíamos dedicar a esta etapa que, si bien no es la clave, nos puede hacer fracasar? No creo que haya una respuesta que cubra todos los casos, pero mi experiencia me indica que el tiempo dedicado a la planificación debe estar en el entorno del 5 al 10 % del tiempo de ejecución. En un proyecto de 1 año, la planificación puede tomar de

2 a 4 semanas, y en un proyecto de 6 meses, de 1 a 2 semanas. Considero que esta etapa debe ser rápida, ágil, hasta por un efecto de motivación. La adrenalina nos viene cuando estamos jugando el partido, no cuando estamos calentando.

El objetivo de la planificación debe ser el de eliminar imprevistos estúpidos y darnos un marco de referencia para luego poder enfocarnos y tomar las decisiones de gestión más adecuadas. Además, queremos que sea estable, que no esté cambiando todo el tiempo, pues eso hará que también nuestras prioridades cambien. Veremos que uno de los aspectos claves de la gestión de proyectos con Cadena Crítica es que no es necesario hacer reprogramaciones durante el proyecto, lo que plantea una importante diferencia con los métodos tradicionales como el del camino crítico, que las hacen constantemente.

Un plan que no es estable no es un buen plan. El plan debe ser capaz de absorber los imprevistos, que sabemos de antemano que existen. Aquí tenemos otra vez las implicancias del enfoque cartesiano o analítico. Si queremos que cada tarea termine a tiempo, utilizaremos un método de programación que soporte esta manera de pensar.

Supongan que tenemos una secuencia de 4 tareas, cada una con su estimación. Estamos en un modelo de gestión tradicional, tratando y gestionado personas y recursos para que cada tarea termine a tiempo. Para este conjunto, el tiempo prometido es de 40 días.

Figura 5.1 Secuencia de tareas con protecciones locales

Tarea 1	Tarea 2	Tarea 3	Tarea 4
10 días	10 días	10 días	10 días

40 días

Comienza la ejecución y la primera tarea se atrasa 3 días. Es necesario reprogramar el resto para obtener la nueva fecha de terminación: 43 días.

Figura 5.2 Ejecución de tareas con protecciones locales

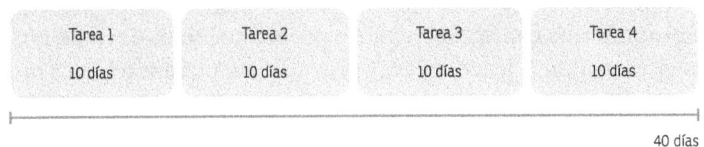

43 días

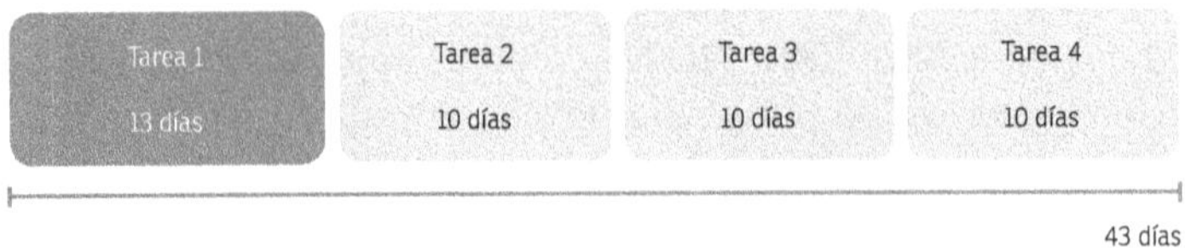

El mismo ejemplo, pero con estimados agresivos y una protección global al final. Estamos ahora en un modelo de gestión de esfuerzos eficientes. No gestiono presionando para que se cumplan los estimados de tiempo, sino para que realicen la tarea con el esfuerzo acordado y de manera eficiente.

Figura 5.3 Secuencia de tareas con protección global

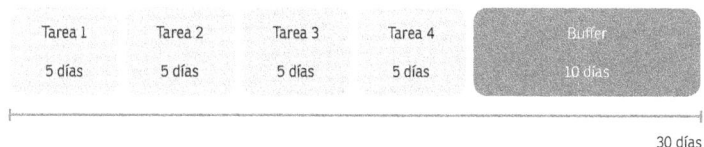

Comienza la ejecución y la primera tarea toma 5 días más de su estimación agresiva. No es necesario reprogramar el proyecto, ni comunicar una nueva fecha de terminación. El buffer de proyecto absorbe las diferencias entre las estimaciones y sus duraciones reales, permitiéndonos entre muchas otras cosas mantener las prioridades y el foco de nuestra atención.

Figura 5.4 Ejecución de tareas con protección global

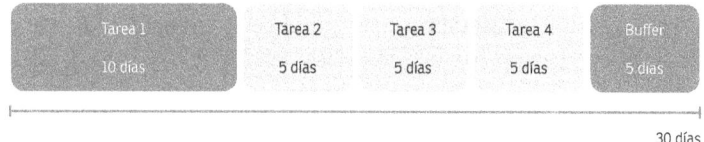

Espero que a esta altura tengan más dudas y preguntas que certezas, pero también haber logrado que se cuestionen si la manera en que estamos gestionando los proyectos es la correcta.

Lo que sigue está estructurado de la siguiente manera:

— Desarrollaré y comentaré los errores de gestión a los que nos conducen los indicadores tradicionales.
— Luego estableceré las bases para desarrollar los indicadores correctos.
— Me introduciré en el concepto de amortiguación y el mecanismo de consumo de los amortiguadores.
— Desarrollaré a continuación los indicadores y la manera de gestionar el proyecto.
— Integraré todo a través del ejemplo que empezamos en el capítulo anterior simulando un escenario de ejecución.

LOS INDICADORES TRADICIONALES

Una primera dificultad que plantean los indicadores tradicionales está en la cantidad. Un repaso rápido a la 5.ª edición del PMBOK Guide permite contar unos 12 indicadores; algunos de ellos son:

— Valor planeado (PV)
— Valor ganado (EV)
— Costo actual (AC)
— Presupuesto hasta la conclusión (BAC)
— Varianza del costo (CV)
— Varianza del cronograma (SV)
— Índice de *performance* de costo (CPI = EV/AC)
— Índice de *performance* del cronograma (SPI = EV/PV)

Demasiados indicadores para mantener el foco y saber qué es lo importante. La técnica que gestiona y controla el proyecto con estos indicadores se conoce como Earned Value Management (EVM). Quizás aún no haya participado en «demasiados» proyectos, pero he visto muy pocos gestionados con esta técnica. Entre los que la utilizan figuran los argumentos de que el proyecto debe tener un tamaño que justifique el gasto operativo necesario, y por eso es que la usan proyectos como los del gobierno de los Estados Unidos o enormes empresas como las petroleras.

O sea que un primer inconveniente está en la dificultad y cantidad de recursos que se requiere. Un segundo inconveniente está en la cantidad de indicadores. Mi experiencia en organizaciones de diversos rubros es que gestionar con más de 3 o 4 indicadores es difícil, ya que dispersa el foco de los ejecutivos. Y, además, cuando este número crece, también se hace cada vez más difícil la compatibilidad entre ellos.

Les doy un ejemplo de un gerente que hace unos meses me planteaba que en su empresa habían implementado la herramienta del cuadro de mando integral o *balanced scorecard*. Toda su área era medida mediante un precioso panel con 10 indicadores. Cada indicador tenía un color, verde, amarillo o rojo, que le indicaba al gerente dónde debía mejorar. Su problema radicaba en que cuando corregía un indicador, empeoraba otro. Por ejemplo, había logrado atender las urgencias de los clientes en menos de 24 horas (indicador 1), pero había incrementado el gasto operativo (indicador 2) ya que necesitaba contar con capacidad de respuesta. O sea, oscilaba entre los indicadores.

También hay situaciones en los que son tantos los indicadores, que al final se le presta atención a uno o dos (o en el peor de los casos a ninguno).

Lo que he mencionado hasta ahora son solo dos inconvenientes u obstáculos que bien podríamos plantearnos cómo eliminarlos. Pero el verdadero impacto negativo está en la esencia misma de los indicadores tradicionales; en el comportamiento que inducen en los recursos del proyecto.

Retomaré el ejemplo del plan de negocios del capítulo anterior para realizar el monitoreo y el control del proyecto de manera tradicional. Recordemos primero el cronograma del proyecto (Figura 4.4 - capítulo IV).

Figura 5.5 Cronograma con el método de camino crítico

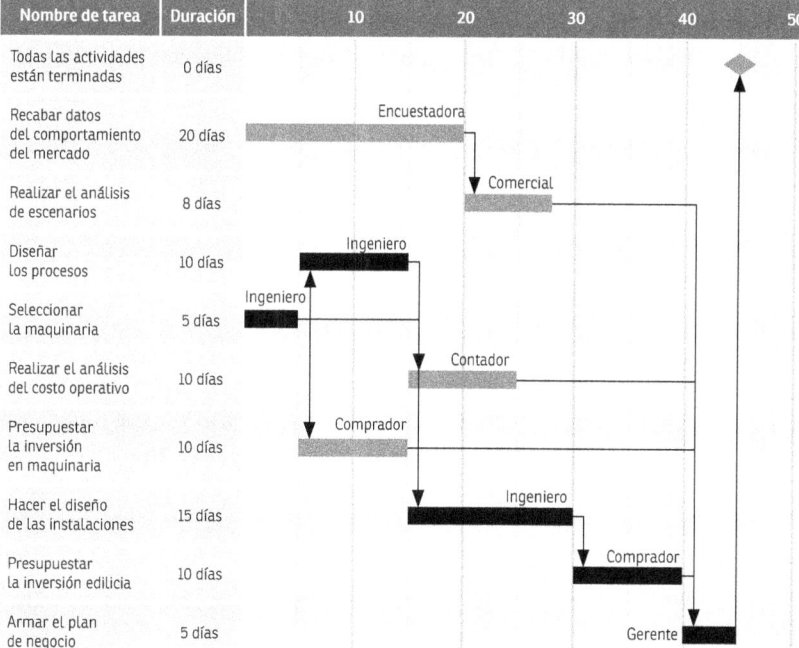

La estimación de costos del proyecto es la siguiente:

Figura 5.6 Costos del proyecto. Método tradicional

Nombre de actividad	Estimación	Nombres de los recursos	Costo del día de trabajo	Estimación tradicional
Todas las actividades están terminadas				
Recabar datos del comportamiento del mercado	20 días	Encuestadora		$ 10.000
Realizar el análisis de escenarios	8 días	Comercial	$ 300	$ 2.400
Diseñar los procesos	10 días	Ingeniero	$ 450	$ 4.500
Seleccionar la maquinaria	5 días	Ingeniero	$ 450	$ 2.250
Realizar el análisis del costo operativo	10 días	Contador	$ 300	$ 3.000
Presupuestar la inversión en maquinaria	10 días	Comprador	$ 300	$ 3.000
Hacer el diseño de las instalaciones	15 días	Ingeniero	$ 450	$ 6.750
Presupuestar la inversión edilicia	10 días	Comprador	$ 300	$ 3.000
Armar el plan de negocio	5 días	Gerente	$ 600	$ 3.000
Costo de las actividades				$ 37.900
Reserva de costo del proyecto				7.000
Costo total del proyecto				**$ 44.900**

La primera evaluación del proyecto la realizaré en el día 4. Ese día le preguntamos al ingeniero y a la encuestadora cuál es el avance que tienen en su tarea. En el caso del ingeniero, luego de unos días de trabajo tranquilo (síndrome del estudiante), se encuentra trabajando de buena manera en la tarea. Cuando le pregunto de manera inquisidora cuánto lleva, este sabe que un objetivo para mí es el cumplimiento del estimado de 5 días. Si me dice algo alineado con este resultado, logrará que por el momento no lo moleste más.

Además, al estar trabajando en una tarea que tiene cierto grado de incertidumbre no le resultará fácil estimar el avance, y si hay algo a lo que ahora quiere dedicar su tiempo es a terminarla, no a estimar cuánto lleva. Siendo consciente de este punto y sabiendo que aún tiene un poco de tiempo antes de empezar a dar justificaciones, su respuesta es: «Voy bien, como un 80 %».

Es probable que la encuestadora, que tiene 20 días, ni haya comenzado, pero a la pregunta responde con mucha seriedad: «Vamos bien, estamos avanzando. Estimo que llevamos un 20 %».

Con este *input* realizamos los cálculos para evaluar cómo estamos con respecto al cumplimiento del cronograma. Los resultados son los siguientes:

Figura 5.7 Evaluación del proyecto día 4. Método tradicional

Nombre de tarea	Duración	Recursos	Costo	PV	EV
Recabar datos del comportamiento del mercado	20 días	Encuestadora	10.000	2.000	2.000
Realizar el análisis de escenarios	8 días	Comercial	24.00		
Diseñar los procesos	10 días	Ingeniero	4.500		
Seleccionar la maquinaria	5 días	Ingeniero	2.250	1.800	1.800
Realizar el análisis del costo operativo	10 días	Contador	3.000		
Presupuestar la inversión en maquinaria	10 días	Comprador	3.000		
Hacer el diseño de las instalaciones	15 días	Ingeniero	6.750		
Presupuestar la inversión edilicia	10 días	Comprador	3.000		
Armar el plan de negocio	5 días	Gerente	3.000		
		Totales	37.900	3.800	3.800
		SPI = EV / PV		1	

La tarea «Recabar datos del comportamiento del mercado» inició el día 1. La duración se estableció en 20 días, por lo cual resulta razonable establecer una relación lineal entre el avance y el tiempo transcurrido. Esto implica que el valor planificado para esta tarea crecerá a un ritmo de 500 dólares por día. Al transcurrir 4 días esperaríamos un avance equivalente a 2000 dólares. De esta manera calcularemos el valor planeado (PV).

Por otro lado, debemos estimar el valor ganado. Esto lo obtendremos de la repuesta del recurso que está ejecutando la tarea, en este caso, la encuestadora. Si nos dice que avanzó una cantidad X, el valor ganado (EV) será el costo de la tarea multiplicado por X. De ahí que obtenemos para el día 4 un valor ganado de 2000 dólares.

La otra tarea que inició el día 1 es «Seleccionar la maquinaria». El razonamiento es similar. El resto de las tareas no han comenzado, por lo cual el valor planificado y ganado al día 4 es de 0 dólares. Bien podría darse en la realidad —no en este ejemplo— que con el objetivo de mostrar avance se empiecen tareas de cadenas laterales antes de los previsto. Esta es otra grave consecuencia de utilizar indicadores que alientan a comportamientos equivocados y perjudiciales para el proyecto como un todo.

Sumamos el valor ganado (EV), el valor planificado (PV) y hacemos el cociente entre ellos. Esto es el indicador de *performance* del cronograma (SPI).
SPI > 1 – Estamos antes de lo previsto.
SPI < 1 – Estamos atrás de los previsto.
SPI = 1 – Estamos dentro de lo previsto.

En este caso, como el SPI = 1, la conclusión es que estamos bien. No tenemos nada extraordinario o diferente que hacer.

La próxima evaluación la hacemos el día 8. En este caso recibiremos la noticia de que al ingeniero se le complicó algo. Aún no ha terminado y su estimado es que lleva un avance del 90 %. Esto es bastante habitual, pues el esquema de seguimiento lo obliga a decir que algo avanzó, y tiene para elegir cualquier valor entre el que dio anteriormente y el 100 %. Comunicar un 90 % suena razonable.

La encuestadora reporta un 40 % de avance. Los resultados son los siguientes:

Figura 5.8 Evaluación del proyecto día 8. Método tradicional

Nombre de tarea	Duración	Recursos	Costo	PV	EV
Recabar datos del comportamiento del mercado	20 días	Encuestadora	10.000	4.000	4.000
Realizar el análisis de escenarios	8 días	Comercial	2.400		
Diseñar los procesos	10 días	Ingeniero	4.500	1.350	0
Seleccionar la maquinaria	5 días	Ingeniero	2.250	2.250	2.025
Realizar el análisis del costo operativo	10 días	Contador	3.000		
Presupuestar la inversión en maquinaria	10 días	Comprador	3.000	900	0
Hacer el diseño de las instalaciones	15 días	Ingeniero	6.750		
Presupuestar la inversión edilicia	10 días	Comprador	3.000		
Armar el plan de negocio	5 días	Gerente	3.000		
		Totales	37.900	8.500	6.025
		SPI = EV / PV		0,71	

Observamos que para la encuestadora el cálculo es similar al punto anterior de evaluación, sin embargo, no ocurrió lo mismo para la tarea que está ejecutando el ingeniero. El valor planificado es el total de su costo, 2250 dólares. Esto ocurre porque la tarea ya debería haberse terminado. Su duración era de 5 días y transcurrieron 8. Sin embargo, como en la realidad está realizado un 90 %, el valor ganado es de 2250 * 0,9 = 2025. Las tareas que deberían haber comenzado (y no lo hicieron) aportan solo al PV.

Sumamos el valor ganado (EV), el valor planificado (PV) y hacemos el cociente entre ellos. El indicador de *performance* del cronograma SPI = 0,71. La conclusión es que estamos atrasados en el cumplimiento del cronograma. ¿Debemos reprogramar y comunicar el atraso? ¿Debemos usar las reservas de contingencia, o sea, dinero, para compensar este atraso? ¿Debemos comunicar a todos lo poco confiable que es el ingeniero y que por su culpa vamos a terminar tarde o vamos a gastar más dinero?

Peor aún, si fuera manipulador, podría tomar una acción perjudicial para el proyecto, pero que a corto plazo se viera bien, digamos que para calmar los ánimos. Les daré un ejemplo: negociaré con la encuestadora un 10 % adicional si termina el trabajo en 10 días menos. Para lograrlo, utilizaré de la reserva de dinero del proyecto 1000 dólares. Hecha la negociación, los resultados se verían así:

Figura 5.9 Evaluación del proyecto día 8. Método tradicional

Nombre de tarea	Duración	Recursos	Costo	PV	EV
Recabar datos del comportamiento del mercado	20 días	Encuestadora	10.000	4.000	8.000
Realizar el análisis de escenarios	8 días	Comercial	2.400		
Diseñar los procesos	10 días	Ingeniero	4.500	1.350	0
Seleccionar la maquinaria	5 días	Ingeniero	2.250	2.250	2.025
Realizar el análisis del costo operativo	10 días	Contador	3.000		
Presupuestar la inversión en maquinaria	10 días	Comprador	3.000	900	0
Hacer el diseño de las instalaciones	15 días	Ingeniero	6.750		
Presupuestar la inversión edilicia	10 días	Comprador	3.000		
Armar el plan de negocio	5 días	Gerente	3.000		
		Totales	37.900	8.500	10.025
		SPI = EV / PV		1,18	

En el caso de la tarea «Recabar los datos del comportamiento del mercado», el compromiso asumido por el proveedor es de terminarla en 2 días más, lo cual daría un total de 10 días. Esto implica que podemos estimar que la tarea tiene un avance de 8/10 = 80 %. El valor ganado es de 10.000 * 0,8 = 8000.

Sumamos el valor ganado (EV), el valor planificado (PV) y hacemos el cociente entre ellos. Esto nos da que el indicador de *performance* del cronograma SPI = 1,18. ¡Excelente! Sigamos así.

A tal punto están mal estos indicadores, que pueden inducirnos a tomar decisiones negativas para el proyecto, pero que a corto o mediano plazo producen que este se vea bien.

Otro aspecto interesante a comentar es sobre las reuniones de seguimiento con base en estos indicadores. En general, los integrantes del equipo de proyecto están esperando con gran entusiasmo las reuniones de avance. Son reuniones breves, muy amenas, de gran colaboración, aporte y construcción de equipo. ¿O su experiencia le dice todo lo contrario?

Y esto es otra consecuencia de la manera de gestionar. Si soy medido por cumplir una estimación de tiempo, tengo que hacer un trabajo muy importante durante la ejecución de mis tareas: buscar excusas y justificaciones, buscar culpables en otros lados. La naturaleza de los proyectos es la incertidumbre y, por más que me haya cubierto o acolchonado, existe la probabilidad de que surjan cosas que no pude ver antes, las cuales sumadas a mi manera de operar aumentan la probabilidad de que la tarea lleve más tiempo del estimado. Tengo que tener muy bien registradas y anotadas las causas de mi posible atraso, y si estas son responsabilidad de otros, mucho mejor.

Claramente, las reuniones de seguimiento son en su mayoría instancias de justificaciones y excusas, lo que para nada favorece el espíritu de equipo. A eso le sumamos la falta de visibilidad, otro gran desmotivador. No sabemos dónde estamos, ni cómo vamos. Es como estar en medio de una gran neblina y no saber en qué lugar quedamos. Todos sabemos que los indicadores de avance no reflejan la realidad, y que el último 10 % puede llevar tanto como el primer 90 %. Aburridas al extremo, ya que mayormente estamos enfocados en lo que pasó y no en lo que debemos hacer que pase. No son reuniones de colaboración y trabajo en equipo.

A modo de resumen, podríamos decir que los indicadores tradicionales:

— Son demasiados.
— Son complejos.
— Refuerzan las prácticas equivocadas.
    «La manera de terminar un proyecto a tiempo es tratar de que cada tarea termine a tiempo.»
— Incentivan los comportamientos erróneos.
    Utilizar protecciones individuales.
    Desperdiciarlas. Síndrome del estudiante y ley de Parkinson.
— No reflejan la realidad.
    Calman los nervios.
— Desmotivan la colaboración y el trabajo en equipo.

EN BUSCA DE LOS INDICADORES CORRECTOS

Sabemos lo que no tenemos que hacer. Es un muy buen punto de partida. Hay tantos aspectos a mejorar que se hace difícil por dónde empezar. ¿Abordamos un enfoque cartesiano y atacamos los problemas uno a uno? ¿O buscamos la causa raíz o idea base que nos dé una dirección común para resolver la gran mayoría de ellos?

Encontraremos la respuesta regresando a los conceptos centrales de la Teoría de Restricciones. Por más complejo que resulte el sistema o escenario que estamos analizando, deben existir muy pocos elementos que lo gobiernen. Elementos que determinen su desempeño y por lo tanto el lugar donde centrarse. Básicamente, estamos buscando una herramienta de enfoque.

Que yo sepa, nuestra capacidad de enfocarnos de por sí es bastante mala. En parte, gracias a las constantes interrupciones que nos permitimos, celular, Twitter, Whats up..., y también gracias a nuestra tendencia de hacer un poco de cada cosa. Esto hace aún más importante que encontremos una herramienta de enfoque muy potente. Algo que nos permita saber qué es lo clave en cada instante de tiempo, en dónde poner el máximo esfuerzo y eficiencia, y que nos deje tranquilos en cuanto a que todo el resto se acomodará.

Pensando en esta línea es que en mi empresa desarrollamos la idea de *Cadena de Esfuerzos Eficientes*. En un momento dado de tiempo existe solo una tarea que determina el desempeño de todo el proyecto. Esa es la tarea en la que debemos concentrar el esfuerzo de la manera más eficiente posible. El 80 % de nuestro tiempo debe estar dedicado a la facilitación y colaboración con la ejecución de esta tarea. El otro 20 % lo dedicaremos al resto.

A partir de este momento, llamaré *Cadena de Esfuerzos Eficientes* al conjunto de tareas que definimos en el capítulo anterior como:

> La secuencia más larga de actividades de la red del proyecto, teniendo en cuenta tanto la dependencia de tareas como de recursos. La Cadena Crítica es la restricción del proyecto. La duración total del proyecto es la duración de la Cadena Crítica más el buffer de proyecto.

y que el doctor Goldratt denominó también como *Cadena Crítica*. Pienso que además de evitar confusiones con los nombres describe mucho mejor este conjunto de tareas particulares.

La respuesta a la interrogante que planteábamos sobre cómo debíamos resolver los problemas que se derivan de usar los indicadores tradicionales es:

> EL FOCO DEBE ESTAR EN LA CADENA DE ESFUERZOS EFICIENTES.

Este conjunto de tareas cumple con ciertas características que favorecen la elección como lugar de focalización de los esfuerzos:

1. Determinan la duración total del proyecto.
2. En un momento dado, solo hay una tarea de este conjunto en ejecución.
3. No cambian durante el desarrollo del proyecto.

El primer punto es consecuencia de la definición. Agregaría que la dimensión o tamaño del buffer de proyecto depende de las características de este conjunto de tareas.

El segundo no necesariamente es consecuencia de la definición, ya que podría darse algunos casos en que en un momento dado existan dos tareas que pertenezcan a este conjunto. Recordemos el ejemplo del capítulo anterior. Terminada la planificación, obtuvimos el siguiente cronograma (figura 4.13):

Figura 5.10 Cronograma con Cadena Crítica

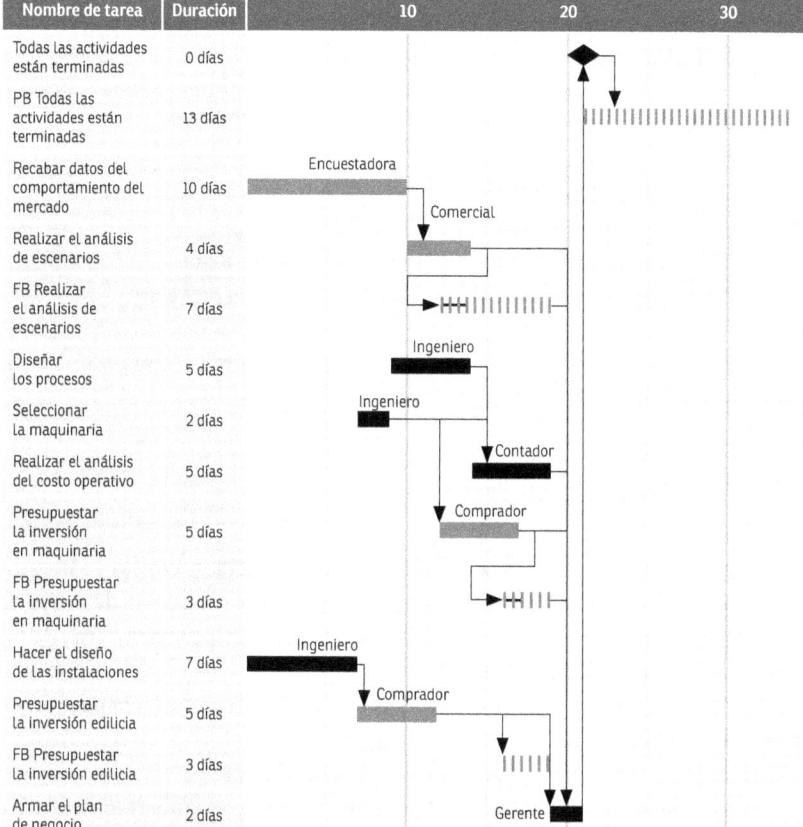

¿Qué habría pasado si la duración de la cadena lateral integrada por las primeras dos tareas fuese de 19 días en vez de 14? Tendríamos dos cadenas de igual duración que confluyen a la tarea «Armar el plan de negocio», o un buffer de alimentación consumido al 100 % desde su inicio.

Esto puede ocurrir, y lo que hay que hacer es resolverlo en la etapa de planificación. Uno de los últimos pulidos al cronograma es la identificación de los buffers de alimentación cuyo porcentaje de consumo es superior el 50 %. La recomendación es no tener consumos superiores al 50 % en la planificación. En estos casos es necesario analizar la cadena lateral que más impacta en el consumo del buffer y eliminar este impacto, ya sea con recursos, diferente secuencia..., pero resolverlo antes de empezar. Queremos que en un instante dado solo haya una tarea de la Cadena de Esfuerzos Eficientes en ejecución.

El tercer punto es consecuencia de la amortiguación. Este concepto es a mi criterio uno de los mayores aportes conceptuales del doctor Goldratt. Recién cuando entendemos este concepto realmente empezamos a hacer el cambio del paradigma cartesiano al sistémico.

Los amortiguadores son los que hacen posible obtener todos los beneficios de la metodología de Cadena Crítica:

— Absorven los imprevistos.
— Hacen que el plan sea estable en el tiempo.
— Eliminan la necesidad de reprogramar constantemente.
— Nos ayudan a enfocarnos e identificar el estado del proyecto.

El mecanismo de amortiguación y el mecanismo de consumo de los amortiguadores es lo que desarrollaré a continuación.

EL CONSUMO DE LOS BUFFERS

Como vimos anteriormente, el buffer es una protección contra la incertidumbre en la duración de las tareas. Lo brillante de la propuesta de la Teoría de Restricciones es dónde y cómo los utiliza para estabilizar el sistema de las interrupciones o la variabilidad.

Los buffers, en la aplicación de la Teoría de Restricciones a la gestión de proyectos, están puestos de manera de proteger la fecha final del proyecto y el inicio de las tareas de la Cadena de Esfuerzos Eficientes.

Al tratarse de protecciones contra la incertidumbre, cuando esta ocurre utiliza unidades del buffer; consume buffer (en este caso, días). Este consumo es lo que nos dirá cómo vamos y si es necesario actuar (o de lo contrario no molestar).

Veamos el mecanismo de consumo de un buffer con el ejemplo que vimos al inicio del capítulo. La planificación era la siguiente:

Figura 5.11 Consumo del buffer (1 de 3)

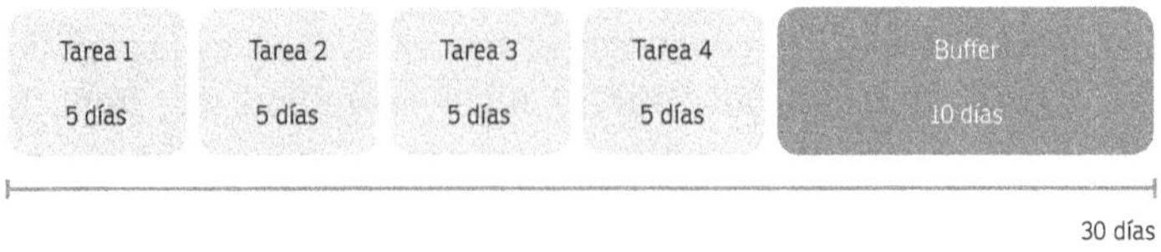

Tarea 1	Tarea 2	Tarea 3	Tarea 4	Buffer
5 días	5 días	5 días	5 días	10 días

30 días

Supongamos que estamos en el día 1. Se está ejecutando la tarea 1 cuya estimación agresiva fue de 5 días. Sabemos que la tarea no está terminada, pero está dentro del rango de estimación original. ¿Qué podemos decir acerca del consumo del buffer de 10 días?

En el campo de la Teoría de Restricciones, hay consenso en cuanto a que es perjudicial preguntarle a los recursos cuánto llevan hecho de la tarea, cuánto llevan de avance. Esto solo sirve para calmar los nervios y no ayuda a saber el estado real del proyecto. Sin embargo, la mayoría de los practicantes de Cadena Crítica proponen que se debe cambiar esa pregunta por «¿cuánto te falta?». Durante mucho tiempo utilicé esta práctica, soportada y diría casi obligada por algunos software de Cadena Crítica. Hasta que hubo un proyecto en el cual algo me hizo pensar que no estaba en el camino correcto. En una tarea de la Cadena de Esfuerzos Eficientes surgió un imprevisto mayor: la compra de un quemador especial para una caldera de quema de azufre. Dicha compra incluía la fabricación en Argentina y el transporte hasta Uruguay. La estimación agresiva había sido de 40 días (30 de fabricación y 10 de transporte). Ocurrió que la compra demoró más de lo previsto y el proveedor tomó otro trabajo similar, de manera que cuando se le giró el adelanto contestó que el plazo de fabricación sería de 60 días; 30 días más que en la estimación.

Al ser una tarea de la Cadena de Esfuerzos Eficientes, esto nos dejaba prácticamente fuera de fecha, es decir, consumía todo el buffer del proyecto restante. Yo no me resignaba a dar esto como un hecho y actualizar de esta manera el proyecto. Se reunió todo el equipo, se hizo un trabajo creativo de cómo lograr reducir el nuevo tiempo estimado a la mitad y se encontraron dos alternativas: una que impactaba en el diseño del quemador y permitía reducir 15 días el plazo de fabricación; otra que impactaba en el transporte y la aduana, que permitía reducir el estimado en 3 días. De esta manera, un panorama de 30 días adicionales pasó a ser 30 - 15 - (10 - 7) = 8 días.

¿Qué hubiera pasado si nos quedábamos con la respuesta de que faltaban 60 + 10 = 70 días? ¿No nos estamos acercando al escenario donde convertimos un estimado en un compromiso? Si nos conformamos con este estimado, ¿no se volverá una autoprofecía que en el mejor de los casos lleve 70 días?

Fue cuando ocurrió esto que me pregunté: ¿para qué quiero estar estimando nuevamente las duraciones durante la ejecución del proyecto? Lo necesitaba antes, en la etapa de planificación, pero ahora ya no. Concluí entonces que:

> LA EJECUCIÓN ES EL MOMENTO PARA LAS CERTEZAS:
> UNA TAREA ESTÁ O NO ESTÁ TERMINADA.

Lo que realmente sé acerca de una tarea es si está terminada o no. Se terminaron los momentos de las adivinanzas, no quiero que mis recursos sigan adivinando. Quiero que hagan siempre todo lo posible para terminarla lo antes posible. Por lo tanto, regresando a la pregunta: ¿qué podemos decir acerca del consumo del buffer de 10 días?, la respuesta es: nada.

Cuando estamos dentro del rango de la estimación agresiva, lo que sabemos con certeza es si la tarea está o no terminada. Si no está terminada, no debemos andar adivinando cuándo lo estará, sino poniendo nuestros mayores esfuerzos en que se haga de la manera más rápida posible. O sea, entre el día 1 y el 5 no es posible consumir buffer de proyecto, ¡pero sí ganar! Claro, supongamos que la tarea se realizó en 3 días. Esto nos deja 2 días más de protección, con lo que nuestra protección pasa a ser de 12 días en vez de 10.

Figura 5.12 Consumo del buffer (2 de 3)

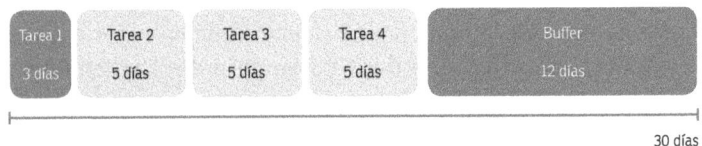

¿Qué ocurre si estamos en el día 6 y la tarea no está terminada? Sabemos con certeza que hemos consumido 1 día del buffer. O sea que cada día adicional en el cual la tarea no está terminada, luego de transcurrido un tiempo igual a la estimación agresiva, consume 1 día de buffer.

Figura 5.13 Consumo del buffer (3 de 3)

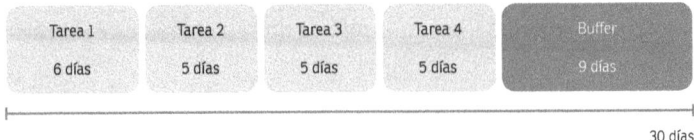

Esto que hemos visto aplica tanto para el consumo del buffer de proyecto como para los buffers de alimentación. Sin embargo, es importante notar que no es de igual importancia un consumo del buffer de alimentación que el de proyecto. El primero protege el inicio de las tareas de la Cadena de Esfuerzos Eficientes, mientras que el segundo protege al proyecto entero.

Solamente cuando la ejecución de una tarea haya consumido todo el buffer de alimentación, puede empezar a consumir el buffer de proyecto. O sea, la incertidumbre y las perturbaciones en la gran mayoría de las tareas del proyecto son absorbidas por los buffers de alimentación. Cuando esta protección no es suficiente, estamos en una situación en la que de no terminarse esa cadena lateral podríamos comenzar a consumir la protección global del proyecto.

Las protecciones están para usarlas. El objetivo es terminar el proyecto en la fecha prometida y para eso podemos utilizar hasta el 100 % de la protección. Lo que es necesario es que sepamos si el consumo es adecuado o no para lograr el objetivo, lo que exploraré a continuación.

LOS INDICADORES DE CADENA CRÍTICA

Básicamente, lo que le quiero pedir a los indicadores es que me digan si debo hacer algo diferente o si no debo molestar. Sigo en la misma línea que establecimos para el estado de cada tarea: está terminada o no lo está.

Los indicadores deben ser así de claros. Debo hacer algo o no. Hago énfasis en este punto pues mucha de la literatura que hay sobre Cadena Crítica plantea una opción más, que generalmente se indica con el color amarillo. La alternativa de observar o mirar... Nunca me gustó demasiado esta opción, sobre todo porque me resulta difícil explicarla. ¿Qué quiere decir mirar u observar si está todo bien? ¿Será tan difícil determinar si estamos bien o no? Creo que no.

Indicador 1: Cadena de Esfuerzos Eficientes terminada

Dadas las características de este conjunto de tareas, podemos establecer una relación entre el progreso del proyecto y la terminación de dichas tareas.

Recordemos que las tareas de la Cadena de Esfuerzos Eficientes cumplen con las siguientes características:

1. Determinan la duración total del proyecto.
2. En un momento dado, solo hay una tarea de este conjunto en ejecución.
3. No cambian durante el desarrollo del proyecto.

Por lo que son candidatas a ser relacionadas con el progreso del proyecto como un todo.

Este conjunto de tareas es un porcentaje pequeño respecto al total de las tareas del proyecto. Por eso también decimos que terminar la gran mayoría de las tareas no implica progreso.

> EL PROYECTO PROGRESA SOLO CUANDO SE TERMINA UNA TAREA
> DE LA CADENA DE ESFUERZOS EFICIENTES.

Es un indicador muy duro, pero refleja la realidad. Cumplir con la gran mayoría de las tareas no necesariamente implica avanzar, si bien es necesario terminarlas para finalizar el proyecto.

Supongamos que la siguiente figura muestra la Cadena de Esfuerzos Eficientes de un proyecto.

Figura 5.14 Ejemplo para calcular el indicador 1

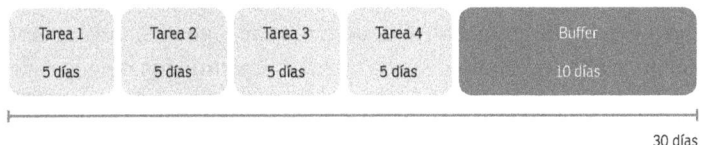

La primera tarea se terminó en el día 8. Podemos decir recién en este día que el proyecto progresó 5 / 20 = 25 %.

Indicador 2: Consumo del buffer de proyecto

Para evaluar el estado del proyecto, o sea, evaluar si necesitamos actuar o no, debemos comparar el progreso contra el consumo de la protección. En este ejemplo sabemos que se han consumido 3 días de los 10 que tenemos, o sea, 30 %.

Figura 5.15 Ejemplo para calcular el indicador 2

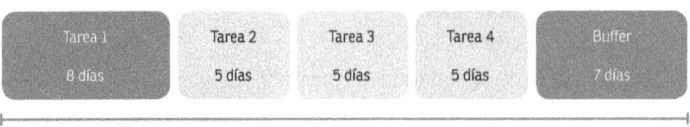

El proyecto progresó un 25 % y utilizó un 30 % de la protección. Si resulta razonable asumir que la incertidumbre está distribuida a lo largo del proyecto, tendremos que tomar una acción para acelerar el progreso.

El gráfico de la temperatura

La relación entre estos dos indicadores es la que nos dirá el estado del proyecto y si es necesario tomar acciones preventivas. Estos dos indicadores habitualmente se representan en el siguiente gráfico, conocido como *fever chart* o gráfico de la temperatura del proyecto.

Figura 5.16 Gráfico de la temperatura del proyecto

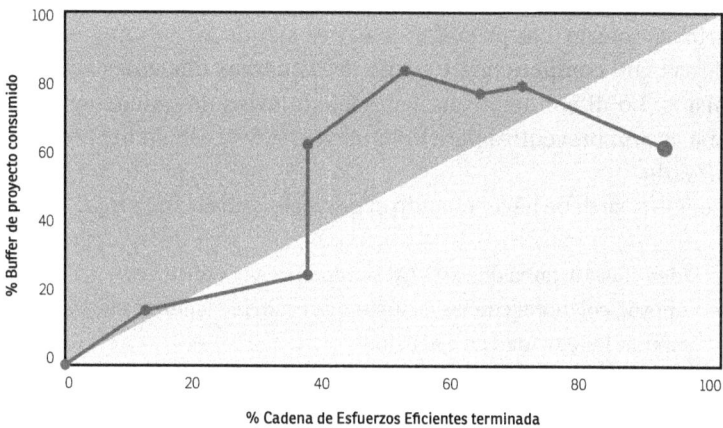

Cada reporte de estado del proyecto está representado por un punto en el gráfico, en el que su valor en el eje horizontal es el dado por el indicador 1 y su valor en el eje vertical es el del indicador 2.

El punto en el gráfico indica el estado del proyecto a la fecha del reporte.

- Si está en el triangulo superior (de aquí en más, zona roja), indica que la velocidad de consumo de la protección es mayor a la velocidad de progreso del proyecto. Si continuamos con esta tendencia es probable que el proyecto termine fuera de la fecha prometida. Un punto en la zona roja le indica al líder del proyecto que debe actuar ya.
- Si está en el triangulo inferior (de aquí en más, zona verde), indica que el progreso del proyecto es mayor al consumo de la protección, por lo que el líder de proyecto debe hacer lo siguiente: no molestar.

Lo que no se debe hacer cuando el proyecto está en zona roja:

— Entrar en pánico.
— Reprogramar.
— Buscar culpables.
— Continuar haciendo lo mismo.

Es bueno que el proyecto se encuentre a veces en esta zona. Si siempre estuviera en zona verde, nos estaría diciendo que nos protegimos de más y que podríamos haber prometido una fecha menor. En la zona roja no debemos buscar culpables básicamente porque nada malo ha sucedido, ni debemos reprogramar para prometer una nueva fecha. Si recuerdan, los buffers son los que le dan estabilidad al plan de manera que no sea necesario cambiarlo. Las prioridades siguen siendo las mismas, el conjunto de tareas que componen la Cadena de Esfuerzos Eficientes sigue siendo el mismo. Lo diferente es que tenemos un aviso de que debemos tomar alguna acción preventiva para intentar regresar el estado del proyecto a la zona verde.

Lo que sí se debe hacer cuando el proyecto está en zona roja:

— Identificar la tarea que está causando el mayor consumo.
— Apoyar, colaborar con los recursos que están haciendo esa tarea para incrementar la velocidad de ejecución.
— Usar el buffer de dinero.

PRIMERO LO IMPORTANTE, LUEGO EL RESTO

La gestión del proyecto en la etapa de ejecución es fundamentalmente un ejercicio de focalización y manejo de personas. El capítulo siguiente estará dedicado a este tema, pero entiendo necesario hacer algún adelanto para darle un cierre a la gestión de buffers y los indicadores.

Lo importante

En un momento dado, solamente hay una tarea de la Cadena de Esfuerzos Eficientes en ejecución. Este debe ser el foco del líder de proyecto. Debe conocer hasta el más mínimo detalle de la tarea y dedicarle gran parte de su día. Es razonable que a primera hora, a mitad del día y a última hora observe, colabore y evalúe su ejecución.

No hay que confundir la facilitación o la colaboración con la vigilancia. El gerente de proyecto debe centrar su mayor actividad en facilitar que la persona o el equipo responsable de la tarea pueda desplegar todo su potencial para realizarla a la mayor velocidad posible. No se trata de premiar o castigar de acuerdo al cumplimiento de una fecha estimada en la planificación. El esfuerzo se enfoca en que confluyan todos los medios disponibles para lograr la mayor velocidad.

Constantemente debe evaluar si se está yendo a la mayor velocidad; si es así, está todo bien, y si no, es su misión corregirlo. No es aceptable el trabajo desconcentrado o a media máquina. Durante la ejecución **no quiere tener una estimación** de cuándo se terminará esta tarea; **quiere saber que se terminó**.

El recurso responsable de la tarea, desde que comienza a trabajar en el asunto, tiene como objetivo terminarlo lo antes posible, no cuando se lo marca una planificación. Su concentración y su esfuerzo apuntan a realizar la tarea con el nivel de calidad establecido y en el tiempo más breve que se pueda, o dicho de otro modo, a la mayor velocidad que sea capaz de desplegar. La pregunta que debemos hacerle frecuentemente es en qué lo podemos ayudar para que haga el trabajo mejor.

Una vez que el gerente de proyecto tiene la tarea más importante bajo control, puede dedicar el resto del día a las cosas no importantes, pero necesarias.

El resto

Hay muchas otras cosas que debe hacer el gerente de proyecto, luego de haber hecho la importante. Algunas de ellas son:

— Preparar la siguiente tarea de la Cadena de Esfuerzos Eficientes.
— Colaborar, facilitar con el resto de las tareas en ejecución cuando lo necesiten.
— Permitir el inicio de nuevas tareas cuando corresponda y no antes.
— Evaluar el estado del proyecto.

Hay muchas más tareas, vinculadas con la gestión de personas, que como mencioné voy a desarrollar en el siguiente capítulo. Aprovecharé para comentar acá dos aspectos más, uno que tiene que ver con la carga de trabajo y gestión de las prioridades, y el otro, con las nuevas responsabilidades de los recursos.

La planificación de Cadena Crítica escalona los inicios de las tareas. Es decir, no las programa lo antes posible —ni lo más tarde posible—, sino un buffer de alimentación antes. De esta manera regula la cantidad de trabajo que ingresa al sistema. Este mecanismo está pensado no solo para cuidar el flujo de dinero, sino también para regular la carga de trabajo. No es lo mismo gestionar 10 tareas en simultáneo que 5. Por eso es importante que el gerente de proyecto frene el inicio de algunas tareas, las que no tienen predecesoras o, dicho de otra manera, las primeras tareas de las cadenas laterales. Necesita dejar claro que nadie debe comenzar una de estas tareas sin su autorización.

El otro aspecto tiene que ver con las nuevas responsabilidades, que cambian mucho respecto a la manera tradicional. Los recursos ya no tienen la obligación de cumplir con un tiempo dado, su obligación es realizar la tarea según el esfuerzo y calidad planificada. Con esto me refiero, por ejemplo, a que si se planificó que cierta tarea la hiciera un equipo formado por dos personas, cada una con determinadas habilidades, de lunes a sábado, con una carga de 8 horas diarias y según los estándares de la organización, la obligación es que se esté cumpliendo con lo anterior. Pasa a ser obligación del responsable de la tarea avisar inmediatamente al gerente de proyecto si no se está cumpliendo con estos aspectos o si surgió un imprevisto que les está impidiendo avanzar.

EJEMPLO INTEGRADOR

Para integrar y visualizar mejor cómo se aplican los conceptos vistos hasta ahora en la gestión de un proyecto, voy a retomar el ejemplo que hemos estado trabajando y a simular una posible realidad de ejecución. Recordemos el cronograma de partida:

Figura 5.17 Cronograma del ejemplo integrador

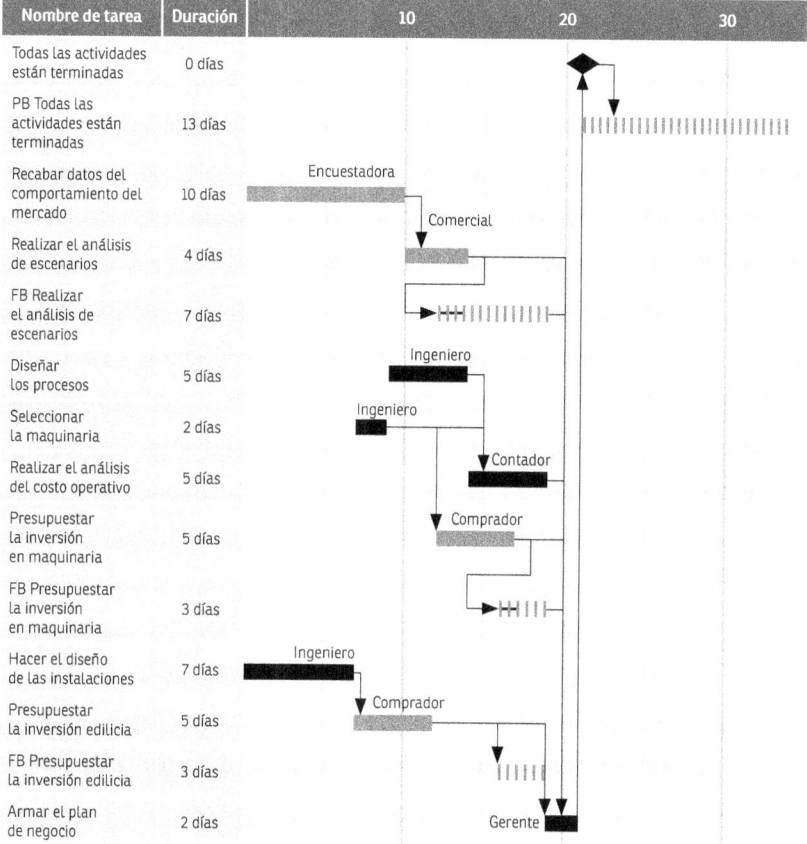

La promesa de entrega es 34 días. El presupuesto es de 40.000 dólares y el alcance es el definido en la EDT.

La perspectiva de análisis y sugerencias de monitoreo y control del proyecto la realizaré desde el punto de vista del gerente de proyecto. Me enfocaré en lo distinto, no en todo lo que debe hacer. Me refiero, por ejemplo, a que la gestión de stakeholder debe hacerse a lo largo de todo el proyecto y también durante su ejecución (no comentaré más sobre este punto).

El manejo y motivación de los recursos es otro aspecto importante sobre el que haré algunos comentarios (el capítulo siguiente está dedicado a la gestión humana).

Este ejemplo está muy enfocado a lo que habitualmente llamamos la parte *hard* o dura de la metodología, los procesos o procedimientos a seguir.

Día 0

En los días previos al inicio de la ejecución, el gerente de proyecto debe asegurarse de que el ingeniero esté listo para comenzar a toda máquina, así como todos los insumos o actividades de soporte que este necesite.

Todo el equipo de proyecto conoce las tareas que componen la Cadena de Esfuerzos Eficientes, y en particular la primera, «Hacer el diseño de las instalaciones», está visualmente al alcance de todos.

Mucho menos importante es la tarea que realiza la empresa encuestadora; si bien en algún momento se debe haber conversado sobre su posible inicio, no debe ser preocupación del gerente estar actualizándola frecuentemente.

Este día previo se tiene una reunión con el ingeniero en donde se repasan todos los detalles de la tarea y se le da el okey para su inicio el día siguiente.

Además, se le notifica (puede ser por teléfono) a la encuestadora y, si así fue acordado, se liberan los flujos monetarios correspondientes.

Día 1

A primera hora en la mañana se verifica que el ingeniero haya comenzado su trabajo sin inconvenientes. A medio día se lo visita para preguntarle en qué se lo puede ayudar. Si tuvo interrupciones, si le faltó algo o si ve alguna cosa que podría facilitar su trabajo. En caso de ser así, lo importante para el gerente es resolverlo.

Al final del día se hace una breve evaluación del trabajo con el ingeniero, no más de 10 minutos. ¿Qué se hizo? ¿Qué se puede hacer mejor?

Debe sentir nuestro apoyo incondicional, nuestra colaboración plena para que pueda desarrollar su tarea con el máximo esfuerzo y de manera eficiente. Es cierto que sentirá algo de presión, y es bueno. Pero debe quedarle siempre claro que se está buscando apoyarlo para que haga mejor la tarea. Debemos ser creativos en las intervenciones, que no se vuelva una rutina de idénticas respuestas y preguntas al estilo: «Hola, ¿cómo estás?... Bien, ¿y vos?... Bien, gracias».

Y para ser creativos no solo tenemos que conocer la tarea al detalle, sino que también debemos preparar las intervenciones.

En cuanto a la otra tarea, basta con verificar que haya iniciado. Quizás alcance con una conversación de 3 minutos.

Días 2, 3 y 4

Supongamos que ninguna de las dos tareas en ejecución ha sido terminada. Recuerden que solo tenemos dos estados para la tarea: está o no está terminada.

El trabajo del gerente sigue siendo el mismo que describí para el día 1. Además, preparará la siguiente tarea más importante, la selección de la maquinaria. Se asegurará de que en el momento en que termine la primera tarea de la Cadena de Esfuerzos Eficientes, comience la segunda. Por más que en este caso el recurso sea el mismo, pueden necesitarse otros insumos, y el momento de asegurarse de que estén es ahora.

¿Qué cosas no debe hacer?

— Buscar compromisos de cumplimientos de tiempo. En ningún momento debe decirle al ingeniero cosas como: «¿Cómo ves la chance de hacer la tarea en 7 días?», o »¿cuántos días te faltan para terminarla?».
— Habilitar el inicio temprano de otras tareas del proyecto.
— No dedicarle la mayor parte de su tiempo a la tarea de la Cadena de Esfuerzos Eficientes en ejecución.

1.er reporte de situación del proyecto

Han transcurrido 4 días y queremos hacer un reporte del estado del proyecto. Ya veremos más adelante cómo determinar cuándo es necesario hacer estos reportes. Lo que sí les adelanto es que la respuesta no es de frecuencia fija, como habitualmente se hacen.

El cronograma actualizado es el siguiente:

Figura 5.18 Cronograma. Día 4

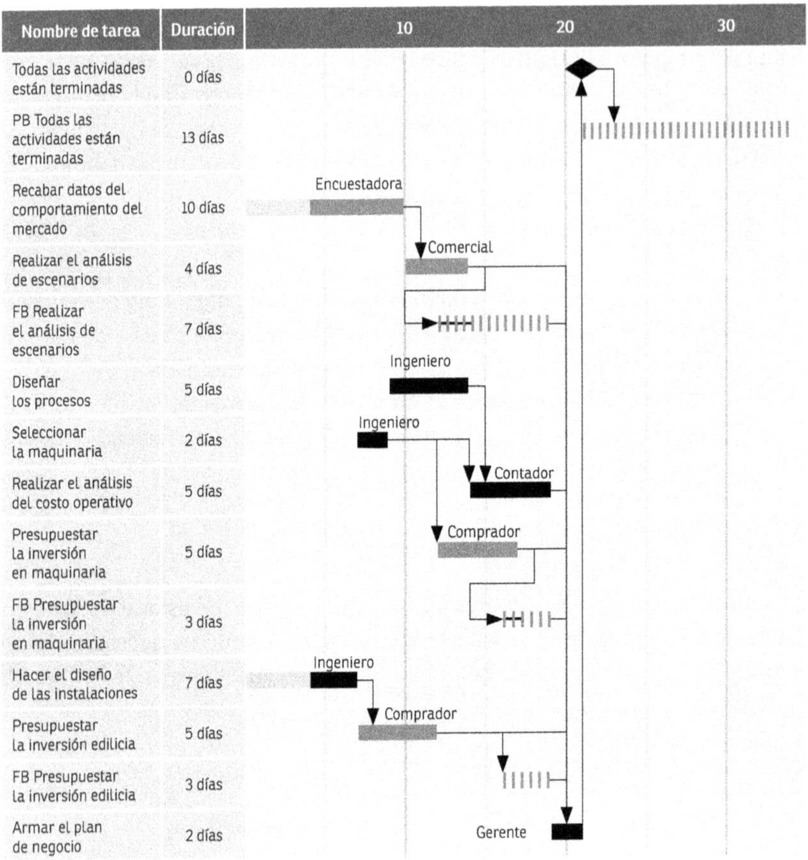
Nombre de tarea
Duración
10
20
30
Todas las actividades están terminadas
0 días
PB Todas las actividades están terminadas
13 días
Recabar datos del comportamiento del mercado
10 días
Encuestadora
Realizar el análisis de escenarios
4 días
Comercial
FB Realizar el análisis de escenarios
7 días
Diseñar los procesos
5 días
Ingeniero
Seleccionar la maquinaria
2 días
Ingeniero
Realizar el análisis del costo operativo
5 días
Contador
Presupuestar la inversión en maquinaria
5 días
Comprador
FB Presupuestar la inversión en maquinaria
3 días
Hacer el diseño de las instalaciones
7 días
Ingeniero
Presupuestar la inversión edilicia
5 días
Comprador
FB Presupuestar la inversión edilicia
3 días
Armar el plan de negocio
2 días
Gerente

Para la evaluación de los indicadores nos será útil tener siempre presente dos números:

- La longitud de la Cadena de Esfuerzos Eficientes
  En este caso, 21 días.
- La longitud del buffer de proyecto
  En este caso, 13 días.

Indicador 1: Cadena de Esfuerzos Eficientes terminada = 0 / 21 = 0 %

No hemos terminado la tarea «Hacer el diseño de las instalaciones». Es cierto que se está trabajando y muy bien, pero no ha sido terminada, por lo que el progreso en la Cadena de Esfuerzos Eficientes es de cero.

Indicador 2: Consumo del buffer de proyecto = 0 / 13 = 0 %

La tarea «Hacer el diseño de las instalaciones» se encuentra dentro de la estimación agresiva de 7 días, por lo que podemos acordar que aún no ha consumido protección del proyecto.

Veamos a la fecha dónde está el proyecto en la gráfica de la temperatura.

Figura 5.19 Temperatura del proyecto. Día 4

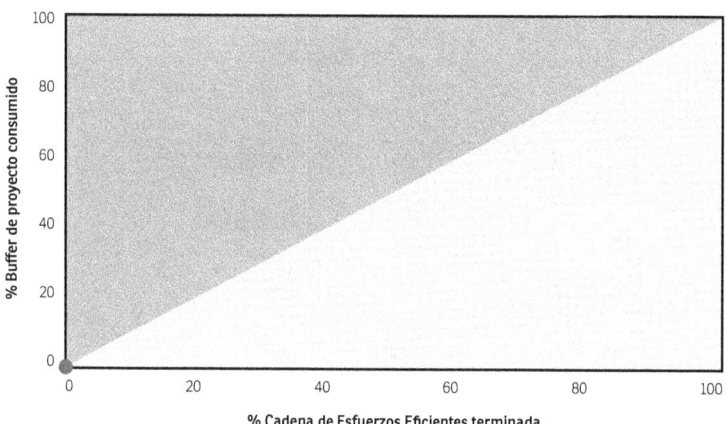

La conclusión es que el proyecto está bajo control y no debemos tomar ninguna acción extraordinaria.

Día 8

La tarea «Hacer el diseño de las instalaciones» no ha terminado. No hay inconvenientes y se está desarrollando a buen ritmo.

La tarea que está realizando la encuestadora tampoco.

El cronograma actualizado es el siguiente:

Figura 5.20 Cronograma. Día 8

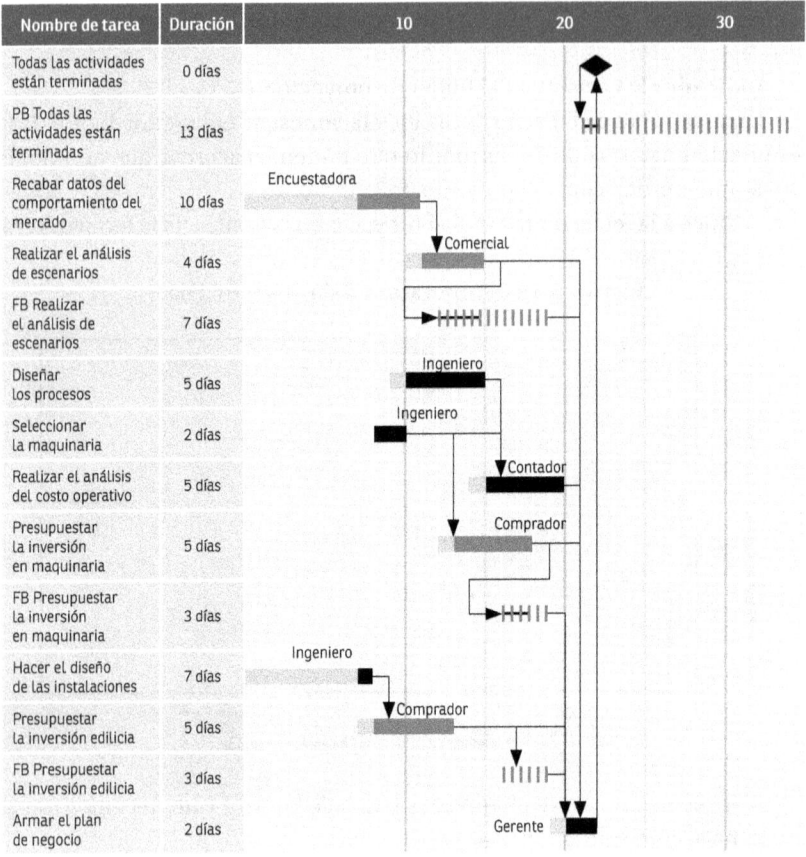

El valor de los indicadores es el siguiente:

Indicador 1: Cadena de Esfuerzos Eficientes terminada = 0 / 21 = 0 %

Tampoco hemos terminado la tarea «Hacer el diseño de las instalaciones», por lo que el progreso en la Cadena de Esfuerzos Eficientes sigue siendo de cero.

Indicador 2: Consumo del buffer de proyecto = 1 / 13 = 8 %

Sabemos con certeza que en el día 8 la tarea «Hacer el diseño de las instalaciones» no estará terminada. Como su estimación agresiva fue de 7 días, podemos acordar que ha consumido 1 día de la protección del proyecto.

Veamos dónde queda en la gráfica de la temperatura.

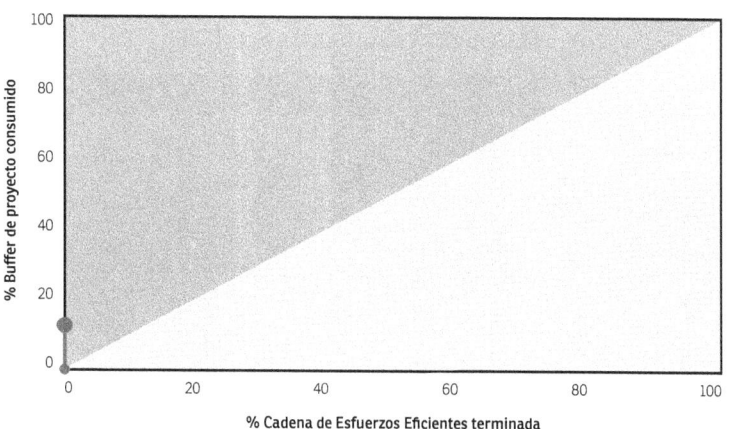

Figura 5.21 Temperatura del proyecto. Día 8

El proyecto sigue estando bajo control, pero debemos tomar una acción para regresarlo a la zona verde. O sea, estamos habilitados a gastar dinero del buffer de costo.

Como conocemos el detalle de la tarea, no nos resultará muy difícil establecer con el ingeniero qué acciones tomar para aumentar la velocidad de ejecución. No estamos atrasados, no necesitamos ni reprogramar ni avisar que estaremos fuera de la fecha prometida. Solamente necesitamos tomar alguna acción para que el ritmo de terminación de las tareas de la Cadena de Esfuerzos Eficientes sea mayor o igual al consumo del buffer de proyecto.

En este caso, se resuelve autorizar por 2 o 3 días que el dibujante del departamento realice horas extras para ayudar al ingeniero con los planos. Estimamos que el impacto será de 450 dólares.

Día 11

La tarea «Hacer el diseño de las instalaciones» ha terminado. Ha comenzado la siguiente tarea de la Cadena de Esfuerzos Eficientes a buen ritmo. El gerente de proyecto se debe haber asegurado de que el ingeniero haya pasado de una tarea a la siguiente sin pérdidas de tiempo. Recordemos que uno de sus trabajos es preparar la siguiente tarea de la Cadena de Esfuerzos Eficientes para que el pasaje de postas sea perfecto.

También ha habilitado al comprador para que comience la tarea «Presupuestar la inversión edilicia». La tarea que está realizando la encuestadora aún sigue en ejecución.

El cronograma actualizado es el siguiente:

Figura 5.22 Cronograma. Día 11

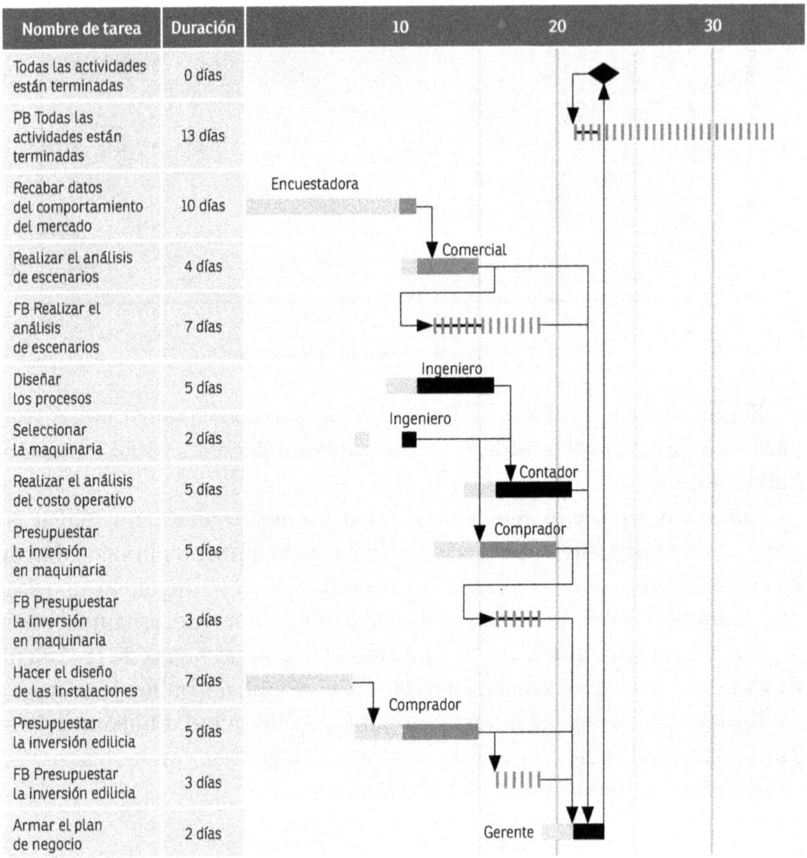

Nombre de tarea
Duración
10
20
30
Todas las actividades están terminadas
0 días
PB Todas las actividades están terminadas
13 días
Recabar datos del comportamiento del mercado
10 días
Encuestadora
Realizar el análisis de escenarios
4 días
Comercial
FB Realizar el análisis de escenarios
7 días
Diseñar los procesos
5 días
Ingeniero
Seleccionar la maquinaria
2 días
Ingeniero
Realizar el análisis del costo operativo
5 días
Contador
Presupuestar la inversión en maquinaria
5 días
Comprador
FB Presupuestar la inversión en maquinaria
3 días
Hacer el diseño de las instalaciones
7 días
Presupuestar la inversión edilicia
5 días
Comprador
FB Presupuestar la inversión edilicia
3 días
Armar el plan de negocio
2 días
Gerente

El valor de los indicadores es el siguiente:

Indicador 1: Cadena de Esfuerzos Eficientes terminada = 7 / 21 = 33 %

Hemos terminado la primera tarea de este conjunto y por lo tanto se puede contabilizar como progreso efectivo. Los días colocados en el numerador es la estimación agresiva, no lo que llevó realmente.

Indicador 2: Consumo del buffer de proyecto = 3 / 13 = 23 %

Se utilizaron 3 días de protección, ya que la tarea «Hacer el diseño de las instalaciones» llevó 10 días en vez de la estimación agresiva de 7 días (inició el día 1 y terminó el día 10).

En la gráfica de la temperatura, el proyecto se encuentra en el siguiente punto:

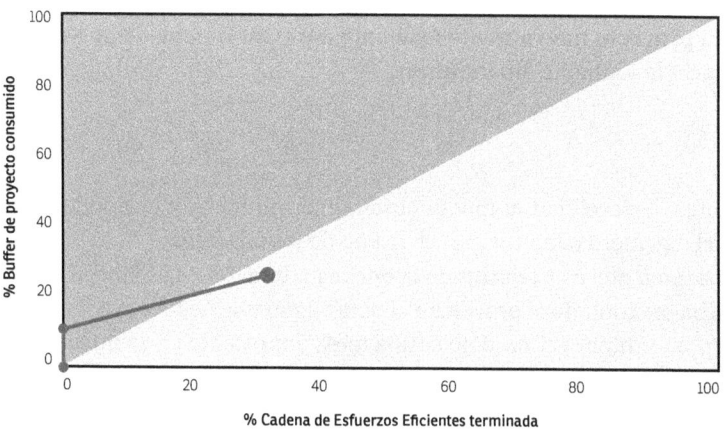

Figura 5.23 Temperatura del proyecto. Día 11

Respecto al buffer de costo, hemos utilizado 450 dólares por día adicional del ingeniero más 150 dólares del ayudante. Esto se muestra en la siguiente planilla.

Figura 5.24 Consumo del buffer de costo. Día 11

Nombre de actividad / Días	1	2	3	4	5	6	7	8	9	10
Hacer el diseño de las instalaciones								450	450	450
Dibujante de apoyo								150	150	150
Subtotal								600	1.200	1.800
Consumo del buffer de costo								4%	8%	13%

Las celdas en color oscuro indican los días que van desde el inicio de la tarea hasta su estimado agresivo. Si la tarea toma más tiempo, empieza a figurar el costo diario adicional en el que se está incurriendo. En este caso, el costo diario del ingeniero es de 450 dólares por día y por eso, como la tarea terminó el día 10 (3 días más que su estimación agresiva), figuran 3 días a un sobrecosto de 450 dólares diarios. El dibujante de apoyo no estaba presupuestado, por eso implica un costo adicional de 150 dólares por día.

Los costos adicionales se van acumulando y comparando contra el buffer de costo, que es de 14.250 dólares. De esta manera, podemos ir monitoreando el consumo del buffer de costo.

En resumen, al día 11 del reporte el progreso es del 33 %, con un consumo del buffer de proyecto del 23 % y del buffer de costo del 13 %.

El proyecto nuevamente está bajo control. Tenemos que asegurarnos de hacer lo siguiente: **no molestar**.

Día 13

La tarea «Seleccionar la maquinaria» se terminó hoy y está todo listo para que el ingeniero continúe con el diseño de los procesos.

La tarea que está realizando la encuestadora todavía sigue en ejecución. Se le ha preguntado al proveedor si tiene algún obstáculo y nos ha dicho que está por terminarla. Como no es una tarea importante y aún no ha consumido todo el buffer de alimentación, se decide no hacer nada.

El comprador que está ejecutando la presupuestación de la inversión edilicia comentó que tuvo que frenar el trabajo porque le pidieron otras tareas de otras secciones. Luego de agradecerle por cumplir su obligación (avisarnos inmediatamente si tiene algún inconveniente), tomamos las acciones preventivas necesarias. Al no ser una tarea de la Cadena de Esfuerzos Eficientes, no es necesario aún usar el buffer de costo. Es importante hacerle notar al comprador que una vez terminada esta tarea la siguiente a comenzar inmediatamente es la presupuestación de la inversión en maquinaria.

El cronograma actualizado es el siguiente:

Figura 5.25 Cronograma. Día 13

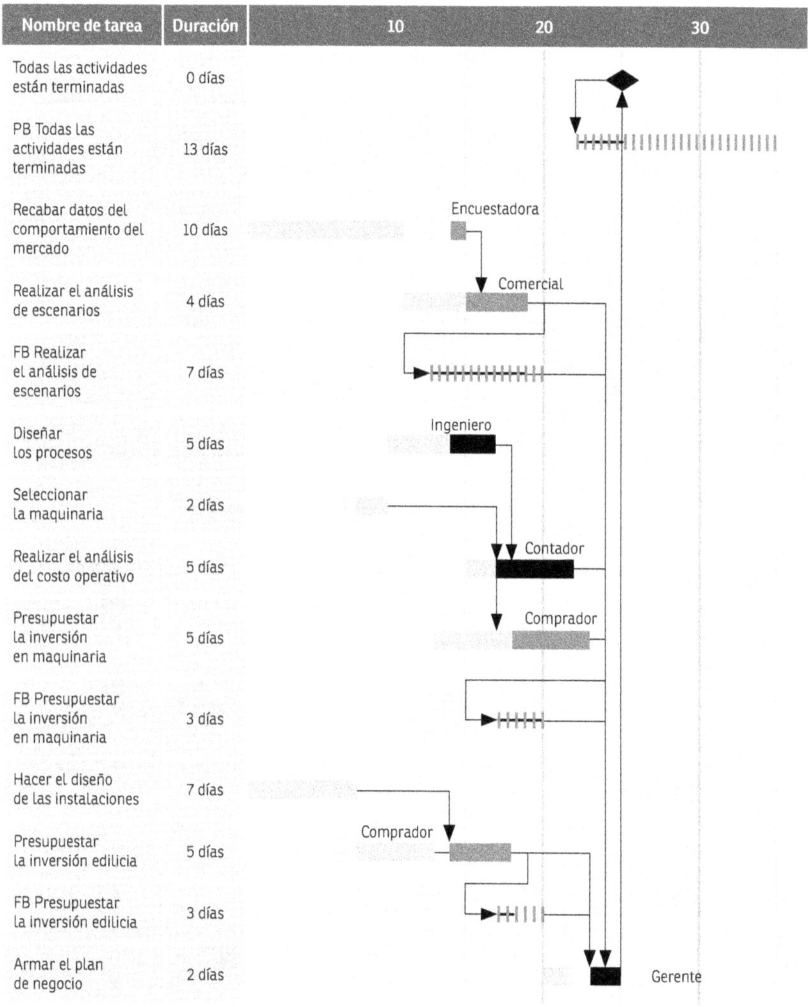
Nombre de tarea
Duración
10
20
30
Todas las actividades están terminadas
0 días
PB Todas las actividades están terminadas
13 días
Recabar datos del comportamiento del mercado
10 días
Realizar el análisis de escenarios
4 días
FB Realizar el análisis de escenarios
7 días
Diseñar los procesos
5 días
Seleccionar la maquinaria
2 días
Realizar el análisis del costo operativo
5 días
Presupuestar la inversión en maquinaria
5 días
FB Presupuestar la inversión en maquinaria
3 días
Hacer el diseño de las instalaciones
7 días
Presupuestar la inversión edilicia
5 días
FB Presupuestar la inversión edilicia
3 días
Armar el plan de negocio
2 días
Encuestadora
Comercial
Ingeniero
Contador
Comprador
Comprador
Gerente

El valor de los indicadores es el siguiente:

Indicador 1: Cadena de Esfuerzos Eficientes terminada = (7+2) / 21 = 43 %. Se terminó la segunda tarea, cuyo estimado agresivo era de 2 días.
Indicador 2: Consumo del buffer de proyecto = (3+1) / 13 = 31 %

Se utilizó 1 días más de la protección, ya que la tarea «Seleccionar la maquinaria» llevó 3 días en vez de la estimación agresiva de 2 días (inició el día 11 y termino el día 13).

La situación del proyecto es la siguiente:

Figura 5.26 Temperatura del proyecto. Día 13

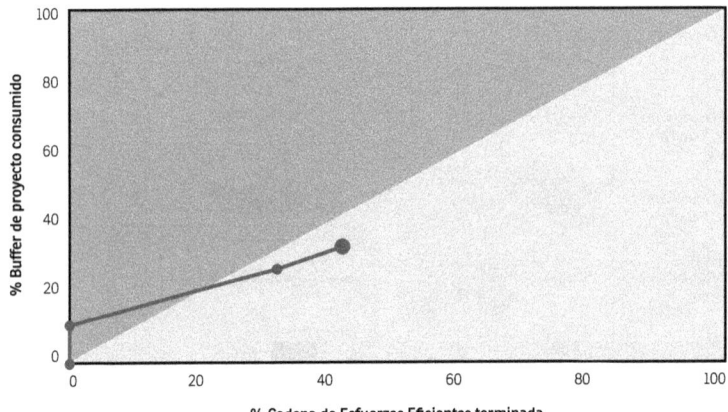

Respecto al buffer de costo, hemos utilizado 450 dólares más por el día de trabajo del ingeniero en la tarea de selección de la maquinaria. Esto se muestra en la siguiente planilla.

Figura 5.27 Consumo del buffer de costo. Día 13

Nombre de actividad / Días	1	2	3	4	5	6	7	8	9	10	11	12	13
Hacer el diseño de las instalaciones								450	450	450			
Dibujante de apoyo								150	150	150			
Seleccionar la maquinaria													450
Subtotal								600	1.200	1.800	1.800	1.800	2.250
Consumo del buffer de costo								4 %	8 %	13 %	13 %	13 %	16 %

Al día del reporte, tenemos un progreso del 43 %, con un consumo del buffer de proyecto del 31 % y del buffer de costo del 16 %.

El proyecto sigue bajo control. Tenemos que asegurarnos de hacer lo siguiente:

- No molestar, no presionar, no tomar acciones extraordinarias.
- Mantener el foco en la tarea en ejecución de la Cadena de Esfuerzos Eficientes (apoyo y colaboración diaria).
- Facilitarle el trabajo al resto de los recursos. Recordarles que su obligación es trabajar según el esfuerzo acordado y que ni bien se presente un obstáculo lo deben informar. Es tarea del gerente de proyecto resolverlos ni bien se presenten.
- Ayudar al pasaje de postas entre tareas. Ir avisándole y poniendo al tanto a los recursos de las siguientes tareas sobre su próximo inicio.

Día 20

La tarea «Diseñar los procesos» se terminó hoy y desde mañana, o sea, desde el día 21, estará en ejecución el análisis del costo operativo.

La tarea que está realizando la encuestadora se terminó y desde el día 19 está en ejecución el análisis de escenarios.

La tarea «Presupuestar la inversión edilicia» terminó el día de ayer, por lo que hoy el comprador siguió con la siguiente tarea de presupuestar la inversión en maquinaria.

El cronograma actualizado es el siguiente:

Figura 5.28 Cronograma. Día 20

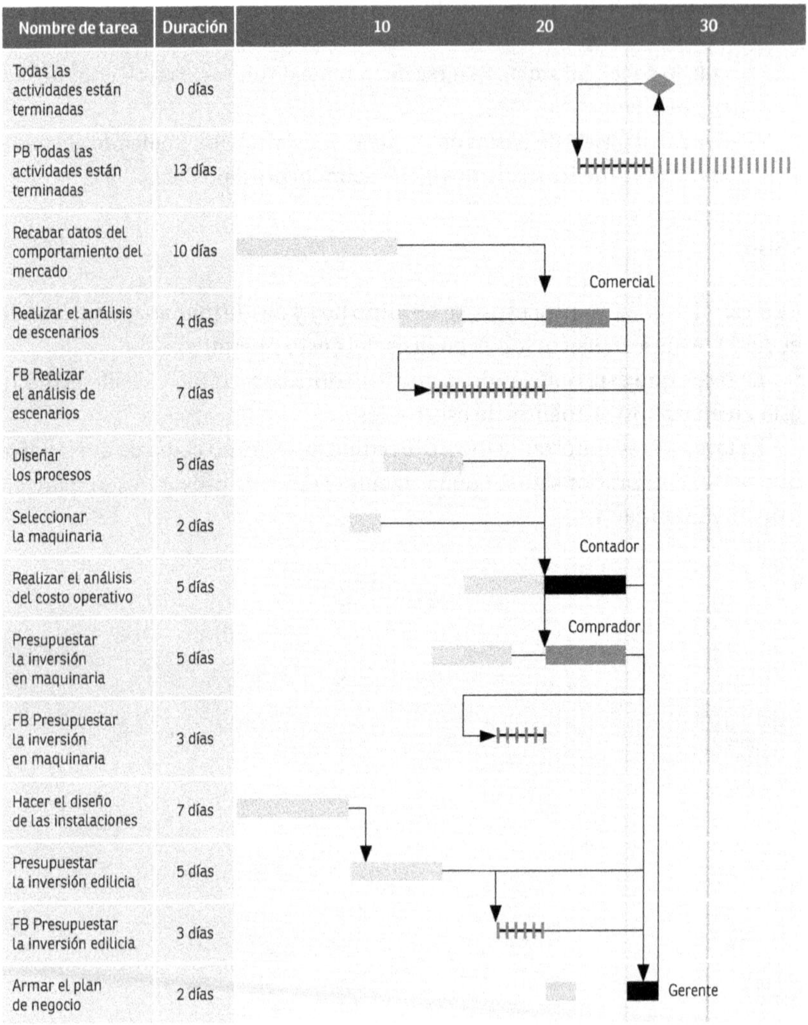
Nombre de tarea
Duración
10
20
30
Todas las actividades están terminadas
0 días
PB Todas las actividades están terminadas
13 días
Recabar datos del comportamiento del mercado
10 días
Comercial
Realizar el análisis de escenarios
4 días
FB Realizar el análisis de escenarios
7 días
Diseñar los procesos
5 días
Seleccionar la maquinaria
2 días
Contador
Realizar el análisis del costo operativo
5 días
Comprador
Presupuestar la inversión en maquinaria
5 días
FB Presupuestar la inversión en maquinaria
3 días
Hacer el diseño de las instalaciones
7 días
Presupuestar la inversión edilicia
5 días
FB Presupuestar la inversión edilicia
3 días
Armar el plan de negocio
2 días
Gerente

El valor de los indicadores es el siguiente:
Indicador 1: Cadena de Esfuerzos Eficientes terminada = (7+2+5) / 21 = 67 %
Se terminó la tercera tarea, cuyo estimado agresivo era de 5 días.
Indicador 2: Consumo del buffer de proyecto = (3+1+2) / 13 = 46 %

Se utilizaron 2 días más de la protección, ya que la tarea «Diseñar los procesos» llevó 7 días en vez de la estimación agresiva de 5 días (inició el día 14 y termino el día 20).

Veamos dónde queda en la gráfica de la temperatura.

Figura 5.29 Temperatura del proyecto. Día 20

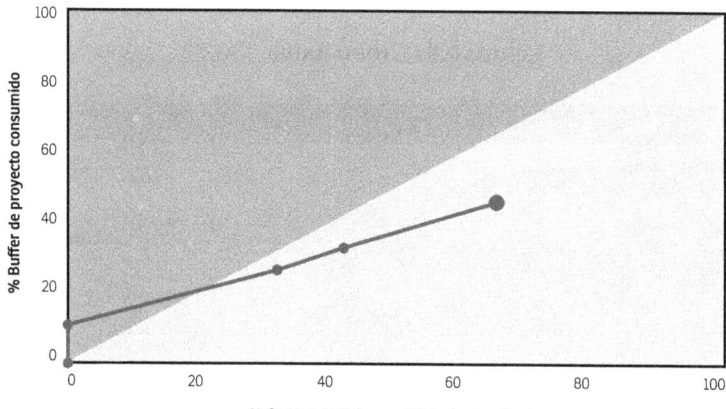

Respecto al buffer de costo, hemos utilizado 900 dólares del ingeniero en la tarea de diseñar los procesos y 1200 dólares del comprador en la tarea de presupuestar la inversión edilicia.

Figura 5.30 Consumo del buffer de costo. Día 20

Nombre de actividad / Días	11	12	13	14	15	16	17	18	19	20
Seleccionar la maquinaria			450							
Diseñar los procesos									450	450
Presupuestar la inversión edilicia							300	300	300	300
Subtotal	1.800	1.800	2.250	2.250	2.250	2.550	2.850	3.150	3.900	4.350
Consumo del buffer de costo	13 %	13 %	16 %	16 %	16 %	18 %	20 %	22 %	27 %	31 %

Al día 20 tenemos un progreso del 67 %, con un consumo del buffer de proyecto del 46 % y del buffer de costo del 31 %.

El proyecto sigue bajo control. Tenemos que evitar una cosa: aburrirnos.

Día 28

Solamente quedan 2 tareas de la Cadena de Esfuerzos Eficientes. Está en ejecución el análisis del costo operativo.

El análisis de escenarios se terminó el día 25 y la presupuestación de la inversión en maquinaria se terminó el día 27.

El cronograma es el siguiente:

Figura 5.31 Cronograma. Día 28

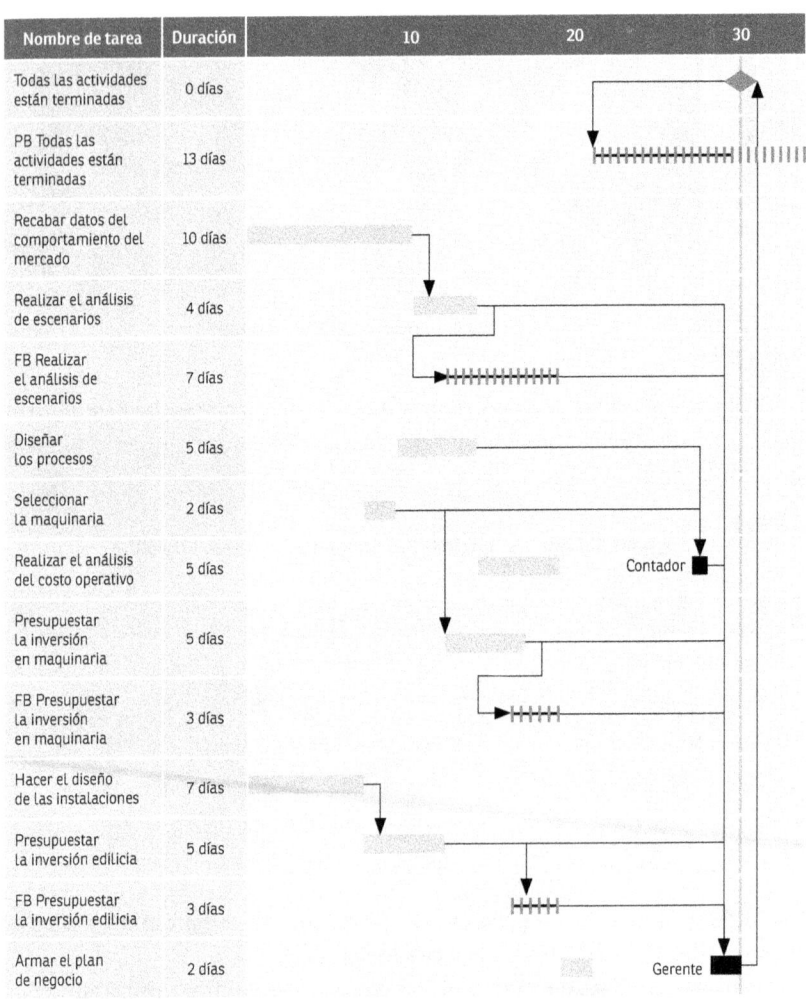

El valor de los indicadores es el siguiente:
Indicador 1: Cadena de Esfuerzos Eficientes terminada
= (7+2+5) / 21 = 67 %
El indicador sigue en el mismo valor de la evaluación anterior, pues no se ha terminado el análisis del costo operativo.
Indicador 2: Consumo del buffer de proyecto = (3+1+2+3) / 13 = 70 %
La tarea «Realizar el análisis del costo operativo» inició el día 21 y en el día 28 no está terminada. Ha consumido 3 días más de protección.

Figura 5.32 Temperatura del proyecto. Día 28

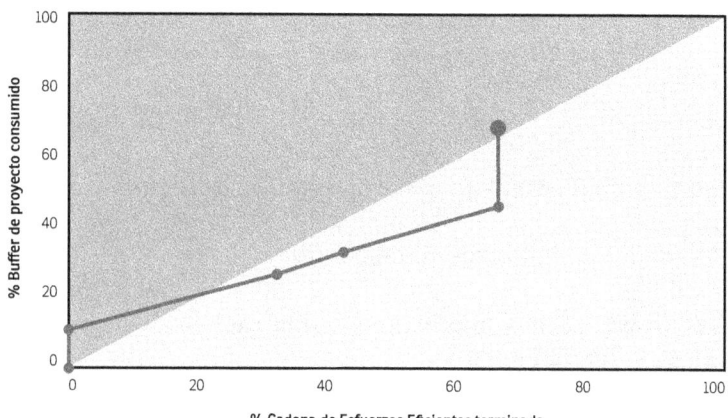

Del buffer de costo hemos empleado otros 900 dólares para el contador en la tarea de realizar el análisis del costo operativo, 1200 dólares del comercial en la tarea de realizar el análisis de escenarios y 900 dólares del comprador en la tarea de presupuestar la inversión en maquinaria.

Figura 5.33 Consumo del buffer de costo. Día 20

Nombre de actividad / Días	20	21	22	23	24	25	26	27	28
Diseñar los procesos	450								
Presupuestar la inversión edilicia									
Realizar el análisis del costo operativo							300	300	300
Realizar el análisis de escenarios			300	300	300	300			
Presupuestar la inversión en maquinaria							300	300	
Subtotal	4350	4350	4650	4950	5250	5850	6450	7050	7350
Consumo del buffer de costo	31 %	31 %	33 %	35 %	37 %	41 %	45 %	49 %	52 %

Al día 28 estamos estancados en el progreso, seguimos con un 67 %, y hemos consumido el 70 % del buffer de proyecto y el 52 % del buffer de costo.

Hemos penetrado en la zona roja, lo que nos dice que tenemos que tomar una acción extraordinaria para regresar el proyecto a la zona verde. Tenemos disponible aún casi la mitad de buffer de costo.

Las acciones que se toman son las siguientes:

— Iniciar la tarea armar el plan de negocio con los insumos que hay al momento.
— Contratar un asesor externo de confianza de la empresa, a 1000 dólares por día, para que ayude al contador a terminar el análisis del costo operativo.

Día 32

Se terminó ayer el análisis del costo operativo y hoy el armado del plan de negocio.

El valor de los indicadores es el siguiente:

Indicador 1: Cadena de Esfuerzos Eficientes terminada
= (7+2+5+5+2) / 21 = 100 %
Se terminaron todas las tareas de la Cadena de Esfuerzos Eficientes.
Indicador 2: Consumo del buffer de proyecto = (3+1+2+3+2) / 13 = 85 %
Se consumieron 2 días más de protección.

Figura 5.34 Temperatura del proyecto. Día 32

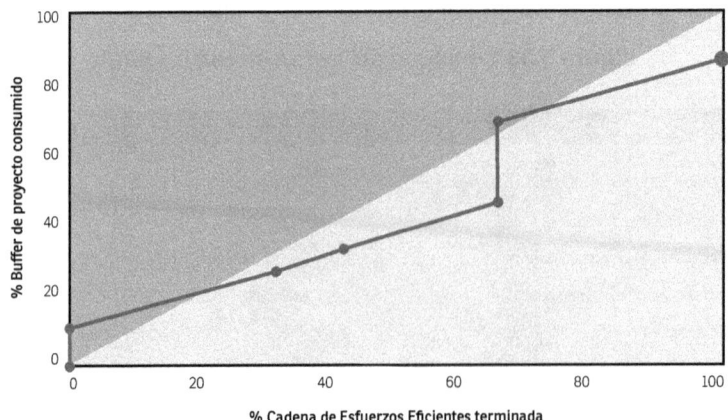

Del buffer de costo hemos empleado otros 600 dólares para el gerente en la tarea de armar el plan de negocio, y 3000 dólares para el asesor externo para que ayude al contador a terminar el análisis del costo operativo.

Figura 5.35 Consumo del buffer de costo. Día 32

Nombre de actividad / Días	26	27	28	29	30	31	32
Realizar el análisis del costo operativo	300	300	300	300	300	300	
Realizar el análisis de escenarios							
Presupuestar la inversión en maquinaria	300	300					
Armar el plan de negocio							600
Asesor externo				1.000	1.000	1.000	
Subtotal	6.450	7.050	7.350	8.650	9.950	11.250	11.850
Consumo del buffer de costo	45 %	49 %	52 %	61 %	70 %	79 %	83 %

Hemos terminado el proyecto a tiempo, en presupuesto y con el alcance establecido.

Del buffer de proyecto usamos el 85 %, quedaron 2 días sin usar, y del buffer de costo usamos el 83 %, quedaron 2400 dólares disponibles.

Nos queda por hacer algo muy importante: ¡cerrar el proyecto y festejar!

GESTIÓN HUMANA

¿SE PUEDE HACER *GESTIÓN HUMANA*?

Conviene primero definir qué se entiende por gestión humana, para luego intentar dilucidar, y eventualmente establecer luego, cómo debería llevarse a cabo de modo efectivo y eficiente en el sentido de coadyuvar en el logro del objetivo del proyecto que nos convoca.

Por razones que deberían ser obvias, no podemos gestionar a las personas que están relacionadas con el proyecto de un modo similar al que sí podemos emplear en la administración de otros elementos del proyecto, como los recursos económicos, los equipos y herramientas, o las decisiones técnicas. La particularidad distintiva de las personas es la interacción que tenemos con ellas. Por lo que es más ajustado a la realidad, y por ello más operativo, considerar las peculiaridades de las interacciones humanas que se dan en el ámbito del proyecto, más que la gestión humana. Por otro lado, si tenemos presente en cada momento la enorme diferencia que indicamos, se puede emplear, con este cuidado, el término de gestión humana para referirnos a la más sutil de las interacciones.

Con este sentido establecido, señalaremos ahora algunas consideraciones sobre cómo interactuar con las distintas personas que están involucradas en el proyecto, para que la gran mayoría de las actividades colaboren en forma eficiente en su éxito. Puede ser un hecho menor —pero aun así es cierto— que todas las personas tienen intereses e inquietudes propias, muchos de los cuales no necesariamente están orientados en el sentido que nos importa. Es una realidad que hay intereses que pueden ser frontalmente contrapuestos, o que pueden existir personas que perciban algún beneficio propio en el fracaso del proyecto. Por ello, la principal herramienta que debe aplicar quien tiene la responsabilidad de liderar el proyecto es la de la *claridad*; con ello nos referimos a procurar que todos los intereses de los distintos interesados estén a la luz, sean explícitos. Lograr esto no siempre es fácil, pues en todos los casos en los que la agenda particular no coincide con los intereses generales del proyecto, el interesado no es proclive a manifestar su interés particular. En estas situaciones, quien lidera debe explorar las circunstancias y procurar exponer el interés del interesado; puede simplemente postular el deseo del interesado: «Me parece que el contratista X quiere hacer coincidir la fecha de arranque de su participación en el proyecto con la de terminación de otro en el que está trabajando, pero esa situación no es aceptable, porque debe comenzar antes en nuestro proyecto».

EL ESTADO DEL PROYECTO

Durante el transcurso de la ejecución del proyecto, se supone que hay que informar a algunos de los interesados sobre el *estado del proyecto*. Este concepto corresponde a la comparación entre la situación real del proyecto y la situación ideal de referencia. Por ejemplo, aquellos interesados que tienen directos intereses económicos en el proyecto pues han invertido en él y tienen expectativas sobre el retorno de su inversión, quieren saber si la ejecución está transcurriendo de forma tal que no ponga en riesgo el éxito de su colocación. En este sentido, están más interesados en el conocimiento de la aparición de inconvenientes serios que pueden significar que la mejor decisión sea cancelar el proyecto inviable y de este modo minimizar las pérdidas, que en las noticias sobre el desarrollo *normal* del proyecto.

Aquellos participantes del proyecto que tienen tareas ejecutivas quieren saber cómo va el proyecto en relación al momento de su participación; están interesados en conocer cuándo es requerido su concurso, más que el estado general del proyecto.

La EDT es un diagrama jerárquico donde se establece un análisis del proyecto, presentando el conjunto de entregables o productos que conforman el proyecto como un todo. Es una herramienta que tiene varias utilidades, una de las cuales es la de facilitar la comunicación de la respuesta a la pregunta «¿qué es el proyecto?», para que quienes no están inmersos en los detalles puedan conocer —en un modo ordenado y razonable— todos los aspectos. También la EDT sirve para ir comunicando el avance del proyecto a lo largo de su realización. Cada vez que un entregable se concreta, es decir, cuando la realización de las tareas correspondientes ha concluido, la existencia del entregable se puede marcar en el diagrama. Así, de un modo muy gráfico, se presenta el diagrama en el cual cada entregable pertenece a una de dos categorías: está listo o no lo está. Para dar la percepción de ejecución, también se puede indicar cuáles son aquellos entregables que están en producción.

Otro diagrama que responde visualmente a las mismas preguntas de «¿cómo vamos?», «¿qué hemos hecho?», «¿qué falta por hacer?» (entre otras) es el que llamamos Project Wall. Se trata de un tablero que está dividido en tres columnas: la primera corresponde a las tareas que deben hacerse y que no han comenzado, la segunda presenta las tareas que están en ejecución en ese momento y la tercera está integrada por las tareas ya terminadas.

Figura 6.1 Project Wall

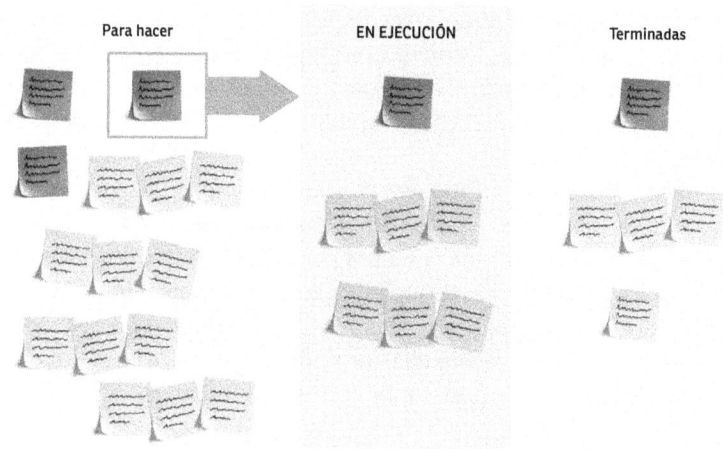

De acuerdo a la metodología de Cadena Crítica, en cada momento debe haber una única tarea de la Cadena de Esfuerzos Eficientes en ejecución y otra pendiente para comenzar inmediatamente que termine la que se está ejecutando. En el Project Wall, en la primera columna, en una ubicación especial destacada se coloca la tarea de la Cadena de Esfuerzos Eficientes que empezará próximamente. De este modo se da la información para que el recurso correspondiente esté preparado para la ejecución y que no desperdicie tiempo entre la terminación de una tarea y la siguiente. En la segunda columna, la central, también está destacada la tarea de este conjunto en ejecución para poder manejar con facilidad la prioridad que tiene; es decir que si por ejemplo el responsable de esa tarea requiere alguna clase de apoyo de otros, su estatus de crítica le debe facilitar la colaboración de los demás participantes del proyecto.

Otro aporte del Project Wall es el que corresponde a las autorizaciones. Es común y convencional que en la fase de ejecución haya una gran disposición a hacer todo aquello *que se pueda ir haciendo*; a empezar todo lo que se puede hacer. Es una buena receta para el caos y el descontrol. No por comenzar más cosas se termina antes, sino todo lo contrario. Es mucho más conveniente hacer lo que hay que hacer en el momento adecuado y con gran concentración. Para mantener este orden y contener el caos, es muy importante que la ejecución de las tareas requiera la autorización de quien lidera el proyecto. No se puede hacer nada hasta que sea autorizado.

Esto queda expresado visualmente en el Project Wall de la siguiente manera: no se puede hacer ninguna tarea de la primera columna. Cuando es oportuno, el líder del proyecto autoriza el inicio de una tarea, la retira de la primera columna y la ubica en la segunda, que es la que corresponde a las tareas en ejecución. Es recomendable que ese acto esté debidamente formalizado, por ejemplo, con la firma del líder y con la fecha, así queda consignado y claro que a partir de la fecha de la autorización debe realizarse la tarea establecida (¡y no antes!).

Es práctico y motivador que una vez que una tarea ha sido terminada, y esto esté certificado por el líder del proyecto, el responsable de la tarea sea quien retire de la segunda columna del Project Wall el indicador de la tarea, lo firme, lo feche y lo ubique en la tercera columna, la de las tareas terminadas. Queda registrado así, de modo muy sencillo y gráfico, cuándo se autorizó el inicio de cada tarea y cuál fue su duración real; este es un insumo importante para proyectos posteriores con tareas similares.

REUNIONES

Las reuniones de trabajo en el marco de un proyecto cumplen con dos funciones principales: coordinar las tareas y desarrollar el sentido de pertenencia.

Por un lado es muy conveniente que los participantes del proyecto realicen sus tareas de modo coordinado, es decir, potenciando la colaboración entre los diversos actores y minimizando las interferencias y molestias recíprocas en la medida de lo posible. En lo práctico, este objetivo se logra con una adecuada información de la situación de cada actor en relación a los restantes, a la exploración de las oportunidades de colaboración y en la resolución de los conflictos. Las reuniones —las buenas— pueden ser un instrumento idóneo para el logro de estos objetivos. Si la naturaleza de una tarea requiere la participación de varios actores, es muy conveniente que estos sean reunidos para que todos estén al tanto de los detalles de las tareas y las consecuencias que esta actividad tendrá sobre el trabajo de cada uno. Así, en conjunto, se puede hacer una adecuada prevención de problemas y maximizar la colaboración. También es una buena oportunidad para tratar los posibles conflictos que se pueden suscitar.

La otra cuestión que debe tener en cuenta quien lidera el grupo de participantes en el proyecto son los aspectos sociales; si el conjunto de personas que participan en el proyecto se conforman en un verdadero equipo, aumentan mucho las posibilidades de éxito del trabajo, pues inculcando un mayor sentido de colaboración el líder del proyecto logrará generar en cada uno de los participantes el sentido de pertenencia, que por otro lado es una natural necesidad humana. Entonces, si logramos canalizar y satisfacer esa inquietud a través de la pertenencia al equipo, habremos dado un paso muy importante. Las reuniones del equipo son un instrumento muy útil para el desarrollo de esta conciencia de grupo, de pertenecer al mismo equipo; un motivo muy adecuado para la realización de estas reuniones es el del festejo. Se trata de celebrar en común los logros que se van dando a lo largo de la realización del proyecto: la resolución de obstáculos importantes, la realización de etapas o hitos significativos y todas las oportunidades en las que tenga algún contenido cierto el concepto de celebración. Para ello, en la agenda del líder debe estar siempre presente la inquietud por detectar razones legítimas para celebrar con el equipo y fomentar la cohesión tribal de los miembros.

EL TRABAJO DEL GERENTE DE PROYECTO

Si podemos aplicarle una gran concentración, energía y esfuerzo a todas y cada una de las tareas en las que hemos organizado el proyecto, hagámoslo. Pero... resulta que en general eso no es posible; la cantidad de tareas es tal que en relación al tiempo disponible no hay suficiente para atender todos los trabajos con la misma intensidad. Para resolver esta situación, muchos directores de proyecto que emplean un enfoque convencional usan la estrategia de estar permanentemente de guardia y aplicarse en aquella situación que en el momento dispare la alarma. Esta es la estrategia del bombero apagando incendios. Y los incendios son cualquier inconveniente en cualquier tarea. Por ello, la actividad es permanente y plenamente justificada, pues se está reaccionando a la circunstancia que *grita más fuerte* en ese momento. Es muy razonable que con este enfoque el líder del proyecto esté sometido a mucha presión y a trabajar en condiciones de alto estrés. Porque siempre pasa algo.

Se puede establecer que para la propuesta metodológica de la Teoría de Restricciones en la gestión de los proyectos —la Cadena Crítica—, uno de los temas centrales es la concentración de los esfuerzos. Reconocido el fenómeno de que en los proyectos es sumamente habitual que ocurran muchos problemas, conflictos, imprevistos y dificultades varias que desbordan la capacidad de atenderlos a todos ellos por igual, se trata de implementar un encare distinto.

Todas las tareas del proyecto son necesarias. O lo deberían ser. En la etapa de planificación debemos poner mucho cuidado para que cada una de las tareas que se pretenden incluir en las del proyecto sea realmente necesaria. Para cada una de las tareas se debe responder a la pregunta: si esta operación no se realiza, ¿se puede lograr el objetivo del proyecto? Este filtro procura verificar que las tareas son todas necesarias y que, por lo tanto, todas deben realizarse. En el sentido de la necesidad, todas son igualmente importantes; si una no se realiza, no estamos logrando el objetivo del proyecto.

Vimos que como resultado del proceso de planificación con la metodología de Cadena Crítica surgen dos grupos de tareas: un conjunto integrado por un número relativamente pequeño en comparación a la cantidad total de tareas del proyecto, y el resto de las tareas, que integra el otro grupo. El primer conjunto constituye lo que se denomina —en una enorme prueba de creatividad— la Cadena Crítica del proyecto, que corresponde a la secuencia de tareas cuya duración pronostica la duración del proyecto total. También procuramos llamarle a este grupo Cadena de Esfuerzos Eficientes, por razones ya comentadas. El ordenamiento de estas tareas tiene en cuenta la relación de precedencia operativa, así como también la disponibilidad de los recursos que intervienen en su ejecución. El otro grupo de tareas, el mayoritario, es el de las tareas *no-críticas*.

Es habitual que aquellos directores de proyectos que toman contacto por primera vez con esta metodología en ocasiones hagan comentarios como estos: «Si esa tarea que parece no-crítica no se hace a tiempo, tendremos muchos problemas». Este malentendido es común y seguramente es producto de nuestra capacidad de explicación. Que una tarea sea no-crítica no significa que se puede dejar de hacer o que no nos interesa. Simplemente significa que en principio no recibirá un trato especial. Del mismo modo que el piloto de un avión debe llevar a su destino a todos los pasajeros por igual, aquellos que viajan en primera clase recibirán algunas atenciones particulares; pero todos deben arribar al aeropuerto de destino.

El 80 % de la atención y del trabajo del líder del proyecto debe estar enfocado en la facilitación de la ejecución de la tarea crítica que está siendo realizada, y que la siguiente comience inmediatamente. Esta es la prioridad. Por ello, no todas las alarmas son iguales. Si dos situaciones pretenden la atención del líder del proyecto, la decisión de cuál será la privilegiada estará dada por su pertenencia o no al grupo de tareas críticas. Como en ejecución solamente debe haber una única tarea crítica, no debería presentarse conflicto entre dos tareas con esta cualidad. Y si las dos tareas son del grupo de las no-críticas, la prioridad la tendrá aquella cuya probabilidad de impacto en la Cadena de Esfuerzos Eficientes sea mayor. Esta regla le da orden a unas circunstancias que pueden ser de gran caos.

Supongamos que la tarea de la Cadena de Esfuerzos Eficientes en ejecución se encuentra con dificultades y está motivando un consumo importante del buffer de protección total del proyecto. El foco de actividad de líder del proyecto está en esa tarea; procura hacer todo lo necesario para que la ejecución se realice de la mejor manera, es decir, del modo más rápido posible, cumpliendo con las exigencias de prestación del entregable correspondiente a esa tarea. Para ello está en contacto directo con el responsable y ejecutor de la tarea. También debe estar en comunicación con todos aquellos que puedan aportar colaboración con el logro de la tarea crítica en dificultades. En este sentido, puede ser conveniente realizar una reunión con quienes puedan aportar soluciones para decidirlas e implementarlas.

Como todas las buenas reuniones, esta debe integrar solo a los participantes necesarios y a nadie más. Debe enfocarse estrictamente en la resolución de la dificultad de la tarea de la Cadena de Esfuerzos Eficientes y no derivar en otras consideraciones del proyecto —que seguramente existen y que involucran a varios de los participantes de la reunión—. Es ideal que el líder del proyecto tenga habilidades para la dirección de la reunión o que cuente con la presencia de un facilitador profesional de reuniones.

Los mejores resultados en las reuniones se logran cuando los participantes necesarios se enfocan en el contenido y alguien —que no participa en la elaboración del contenido— se dedica a gestionar el proceso de la reunión.

En la etapa de ejecución del proyecto, las reuniones deben estar muy enfocadas a la facilitación de las tareas críticas y a las revisiones periódicas. Es muy útil que con una elevada frecuencia los participantes del proyecto se reúnan para compartir un breve encuentro donde se pone en común el estado del proyecto y se presentan los titulares de los temas generales que pueden involucrar o afectar a la mayoría de los participantes. Un elemento que puede ser muy interesante para estas breves reuniones es el de las lecciones aprendidas, es decir, el de compartir conocimientos sobre el desarrollo del proyecto que pueden ser de utilidad para varios de los participantes.

Para poner en común el estado del proyecto son muy útiles las herramientas visuales como el Project Wall y el gráfico de la temperatura del proyecto, que muestran, el primero, las tareas por hacerse, las que están en ejecución y las ya cumplidas, mientras que el otro diagrama relaciona el avance realizado en las tareas de la Cadena de Esfuerzos Eficientes con el consumo del buffer del proyecto. Así, con una rápida mirada se puede tener una muy buena idea del estado del proyecto y de cuáles son los aspectos más relevantes en los que hay que concentrar la atención y el esfuerzo. Es muy aconsejable que estas reuniones de actualización se realicen de pie junto con los diagramas y que los participantes vengan a la reunión con la consigna de que será la oportunidad de compartir algunos aspectos de su trabajo en una modalidad de titulares, destacando solamente lo más relevante y quedando los aspectos de detalle para una eventual entrevista 1 a 1 con el líder del proyecto, si la circunstancia lo amerita.

No es ocioso mencionar que en la etapa de la ejecución del proyecto obviamente lo más importante es la ejecución, por lo que actividades que son más relevantes en otra etapa, como las reuniones en el momento de la planificación, deben realizarse con mucho cuidado en relación a su duración y a su frecuencia. En escasas palabras, se trata de hacer pocas reuniones relevantes y muy breves.

Hemos escuchado más de una vez que «no podemos trabajar como queremos porque nos pasamos de reunión en reunión». Esto se aplica también a las reuniones de celebración o festejo, que deben realizarse por la importancia que ya señalamos, pero que no deben interferir con la realización de los trabajos.

¿Qué hacemos con los interesados en el proyecto que no conocen la metodología de Cadena Crítica? ¿Les podemos mostrar los diagramas que muestran los buffers?

Las lecciones de la experiencia son muy contundentes en esta materia. Si por ejemplo el inversor ve el diagrama de los tiempos del proyecto, y encuentra que al final existe una actividad que corresponde a la tercera parte de la duración de la ejecución del proyecto, seguro tendrá mucha inquietud en ese punto y amablemente (o no) demandará su eliminación o drástica reducción. En relación a este punto hay dos caminos: el doble juego de información o la capacitación. Por doble juego de información nos referimos a que la comunicación con todos los interesados que no manejan los conceptos de Cadena Crítica se hace con los diagramas convencionales, donde las estimaciones de las tareas son protectivas y no hay buffers. La ventaja de este enfoque es que la comunicación se hace en el idioma más habitual; la desventaja es que tenemos que tener dos informes. Cuando optamos por la capacitación, todos los involucrados reciben información sobre los conceptos básicos de la metodología, fundamentalmente en relación a las medidas de avance y situación del proyecto; si esto se realiza al inicio, los resultados suelen ser muy buenos porque hay tiempo para asimilar el nuevo enfoque y se puede hacer prevención. No conviene hacer la capacitación una vez que el proyecto está en la fase de ejecución, porque en ese caso la tensión y las dificultades que suelen ocurrir no generan el mejor ambiente para el aprendizaje de modos nuevos.

MOTIVACIÓN DE LOS PARTICIPANTES DEL PROYECTO

Los proyectos son realizados por personas; detrás de las empresas, de las organizaciones o de las corporaciones hay personas. Cuando nos referimos a ellas como recursos, podemos correr el riesgo de olvidar toda la complejidad que implica las relaciones interpersonales. No hay dos recursos humanos exactamente equivalentes. No es lo mismo un programador que otro, cada uno tiene sus características personales, particulares, que seguro serán las que estarán en juego, fundamentalmente si el proyecto atraviesa por situaciones difíciles.

Sin dudas que el nivel de compromiso y motivación de los actores del proyecto debe ser una ocupación importante del líder del proyecto. Este punto se pone en juego desde el momento inicial de la selección del equipo, para lo que es muy importante el conocimiento previo de las características de temperamento y de gestión profesional de los posibles integrantes. También es cierto que en muchas ocasiones no hay oportunidad de selección porque los participantes son los que están disponibles y no hay de dónde elegir.

La clara comunicación de los objetivos, la construcción del equipo y la resolución de los conflictos interpersonales son las herramientas que el líder del proyecto puede emplear para desarrollar la motivación de los participantes. El líder debe procurar que el grupo de los que intervienen en el proyecto se transforme en un equipo donde prime la colaboración sobre el conflicto.

Un conjunto claro de objetivos y de expectativas de logro permite comunicar hacia dónde se va, cómo se espera recorrer el camino y cuál es el papel que cada uno debe cumplir en ese proceso. Esta comunicación puede ser grupal, pero también tiene que ser individual, con cada uno de los integrantes del equipo del proyecto. Esa entrevista es la oportunidad para profundizar en los aspectos de *performance* deseados y cuál es el aporte concreto que se requiere. Es un buen momento para establecer el modo de relación y dejar en claro que la función del líder del proyecto es facilitar la ejecución en todos los aspectos necesarios y posibles; deben priorizarse los aspectos de coordinación y apoyo por sobre las tareas de control y seguimiento.

Por supuesto que las particularidades personales de cada participante del equipo deben tenerse en cuenta para establecer el modo y la frecuencia de la comunicación durante la ejecución del proyecto; hay participantes que requieren mucho contacto, y a otros la comunicación muy frecuente les resulta invasiva y molesta.

No está por demás mencionar que los reconocimientos deben ser públicos y los reclamos, privados.

A diferencia de lo que ocurre en la ejecución de las tareas de proyectos que se gestionan con enfoques tradicionales, en que la gran pregunta es: ¿cuánto falta para terminar la tarea? —sobre todo si está llevando más tiempo de lo establecido en la programación— , en un entorno gestionado con la metodología de Cadena Crítica, la pregunta es: ¿qué obstáculos dificultan la pronta ejecución de la tarea? Se trata de asegurarnos de que se están haciendo los trabajos con el esfuerzo apropiado y en las condiciones establecidas; la duración de la tarea es el resultado de la aplicación del esfuerzo y no el cumplimiento de una promesa prematura.

—¿Cuánto tiempo tenemos para hacer este trabajo? —pregunta el contratista. —Todo el tiempo necesario para hacer el trabajo como corresponde, siempre que el esfuerzo empleado sea el establecido —responde el líder del proyecto.

Asegurar que no existan interrupciones en la ejecución de las tareas de la Cadena de Esfuerzos Eficientes es un aspecto importante de la ejecución. ¿De qué sirve hacer las tareas con una gran concentración y esfuerzo para resolverlas con velocidad, si luego que termina pasa mucho tiempo sin que se haga nada porque la tarea siguiente no empieza inmediatamente?

El estilo de ejecución debe ser tal que en cuanto termina una tarea comienza la siguiente. Es proverbial la imagen de la carrera de relevos: un corredor termina su tramo y le entrega la posta o testigo a su compañero, y este continúa corriendo por el equipo; no se pierde nada de tiempo en el relevo.

La tarea que tiene el líder del proyecto es disponer todo lo necesario para que los recursos que intervengan en la siguiente tarea estén disponibles y preparados para comenzar apenas se termine la tarea que está en ejecución. Tiene que ir informando cuándo ocurrirá el fin de la actual y por lo tanto el inicio de la siguiente; para ello monitorea con cuidado la situación actual y con base en ella, informa.

La regla general es que en relación a la ejecución de las tareas críticas, los recursos pueden esperar, pero no el proyecto. Si se dice que gestionar un proyecto es hacer frente a la incertidumbre de su desarrollo, hay que tener muy presente la certidumbre de que un proyecto detenido y en espera del comienzo de una tarea de la Cadena de Esfuerzos Eficientes está muy mal gestionado.

Es decir que lo que se protege es la continuidad de la ejecución del proyecto; por supuesto que esto puede tener impactos económicos que deben ser contemplados tanto en la planificación como en la ejecución. Pero en general vale más un día de proyecto parado que un día de espera anticipada de un recurso en particular. Si en la Cadena Esfuerzos Eficientes corresponde pintar la pared luego de terminarla, el pintor debe estar listo y esperando a que se termine la pared. Apenas ocurra, comienza.

Conviene recordar que las estimaciones agresivas que se emplearon en la planificación, en la etapa de ejecución no deben tenerse en cuenta. Esto significa que no hay un tiempo para realizar la tarea; esta debe realizarse con la mayor velocidad posible, de acuerdo a la estructura de recursos que se acordó. Puede que deba reforzarse si se requiere aún mayor velocidad de ejecución para volver a poner el proyecto en una trayectoria satisfactoria, pero de ninguna manera el esfuerzo de ejecución debe ser en función de la fecha comprometida. El esfuerzo debe ser el máximo posible de los recursos establecidos. Al contratar los recursos, hay que tener en cuenta este enfoque; establecer que se requiere la terminación de la tarea tan pronto como sea posible, y no en un instante determinado.

EL PERMANENTE DESAFÍO CREATIVO

Estamos en la fase de ejecución del proyecto, la actividad se desarrolla en muchas tareas simultáneamente, una crítica y el resto no-críticas. El esfuerzo está dedicado a la realización de las operaciones y a superar los obstáculos e inconvenientes que se presentan continuamente. Es el momento de la acción.

Pero también debe ser el momento de la idea, del desafío creativo por hacer lo que hay que hacer como se planificó o mejor. Cuando el líder le plantea a su equipo de trabajo la realización de mejoras, entre otras cosas contribuye a enriquecer las tareas, a hacer el trabajo menos monótono y más entretenido (en el buen sentido de la palabra). Si bien el proyecto es algo único y novedoso, tal vez muchas de las tareas son tediosas, comunes y repetitivas, sobre todo para los recursos especializados en hacerlas. El instalador eléctrico se enfrenta en cada nuevo proyecto con algunas circunstancias diferentes y muchísimas iguales y comunes. El planteo de desafíos creativos le agrega variedad a la rutina y promueve una participación activa en el desarrollo del proyecto. La pregunta básica es: ¿cómo podemos hacer esto mejor?

PROVEEDORES, SUBCONTRATISTAS

Por último, un grupo de interesados sobre el que no hemos hablado hasta ahora son los proveedores. Existen muchas formas de realizar los contratos con los proveedores y subcontratistas del proyecto. Es muy habitual que por servicios de obra se pacte un pago inicial y luego pagos parciales según el avance de la obra. Esto trae consigo que debe establecerse cada tanto tiempo -comúnmente, de modo mensual— cuál es el estado de situación de la obra para que el pago parcial correspondiente sea proporcional a dicho avance. Determinar el grado de avance no siempre es sencillo y da lugar a varios problemas. Por ejemplo, este modo de contratación puede alentar a que el proveedor concentre esfuerzos en realizar actividades que impacten aparentemente en el avance —y por ello en la realización de los cobros—, pero que no sean la mejor actividad para el proyecto como un todo. El subcontrato de vidrios puede estar más interesados en colocar los vidrios de una determinada fachada en la que puede hacer mucho trabajo, pero para el proyecto es mejor que coloque en otro lado, porque habilita la realización de las tareas de otro subcontrato que depende de que estén colocados los vidrios.

Un modo de resolver este conflicto tan habitual y común es establecer de antemano que los pagos parciales estarán asociados a la realización completa de etapas intermedias cuya secuencia se determina al inicio. Siguiendo con el caso de los vidrios, se puede acordar que se realizarán pagos cada vez que quede terminado un sector determinado, según el orden fijado. De este modo, la dilucidación del avance es muy simple, pues corresponde a la respuesta a la pregunta de si está terminado de modo completo este sector. Las únicas respuestas posibles son sí o no. Si está completo, se procede al pago parcial; de lo contrario, no corresponde. No se admite —y esto está claramente indicado al inicio del contrato— la pretensión de pago por avances parciales, es decir, «está terminado el 65 % del sector»; esto se lee del siguiente modo sencillo: no está terminado aún. Esta modalidad no implica pagos regulares en el tiempo, pues los avances no siempre son homogéneos y las etapas no necesariamente son iguales.

VII

EXPERIENCIAS Y SUGERENCIAS

Una de las preguntas más frecuentes que me hacen cada vez que doy una conferencia, webinar o taller es: ¿cómo hago para vender la idea de llevar adelante esta manera de gestionar los proyectos? La respuesta a esta pregunta es lo que intentaré responder en este capítulo. Además, aprovecharé para contar algunas experiencias o lecciones aprendidas en la implementación de Cadena Crítica.

Cuando me hacen esta pregunta, lo primero que busco establecer es si la persona tiene o no la autoridad para hacer el cambio. Analizaré primero el caso en que la persona tiene la autoridad.

ESCENARIO 1: TIENE LA AUTORIDAD PARA REALIZAR EL CAMBIO

Si la persona tiene la autoridad para hacer el cambio, primero debe venderse la idea a ella misma, y luego a los integrantes de su equipo. ¿Por qué digo primero a ella misma? Porque es probable que se vea atrapada en el siguiente conflicto:

- Para mejorar los resultados en la gestión de mis proyectos, es necesario cambiar e implementar la metodología de Cadena Crítica.
- Para mantener el statu quo y seguridad, es necesario no cambiar la situación actual.

Satisfacción versus seguridad. Todos en cierta manera tenemos presente estas dos caras de la moneda cuando pensamos en enfrentar un cambio. Algunos de nosotros estamos más inclinados hacia un lado y otros hacia el otro. Ambos extremos pueden generar precauciones, pues quien esté muy motivado por la satisfacción es probable que haga el cambio sin tomar las precauciones necesarias, y quien esté muy motivado por la seguridad es probable que encuentre mil excusas para no cambiar.

Como estamos en el escenario en el que usted tiene la autoridad, es importante que se pregunte y sea consciente de qué lado del conflicto le tira más. Si le preocupa más la seguridad, deberá buscar por el lado emocional algo que le permita hacer un quiebre, que lo obligue a aventurarse. Creo que los mecanismos racionales no son suficientes para tomar una decisión. Por ejemplo, todos los fumadores saben que fumar es perjudicial para la salud, sin embargo, no dejan de fumar a no ser que se vean enfrentados a una situación que los mueva emocionalmente, por ejemplo, el fallecimiento de un ser querido a causa del cigarro.

Por lo tanto, yo intentaría primero encontrar o simular una situación que lo mueva. El miedo, por ejemplo, es un gran motivador, y quizás lo pueda vislumbrar con las siguientes preguntas:

— ¿Cómo es el resultado de la gestión de mis proyectos?
— ¿Cuántos proyectos de los que he realizado han terminado fuera de plazo, presupuesto o prestaciones?
— ¿Cómo me evalúan mis superiores en esta área?
— ¿Qué puede pasar con mi situación si no logro una mejora importante?

Es necesario buscar el dolor, evaluarlo y darle la magnitud negativa a la situación actual en la gestión de sus proyectos. No pierda el tiempo buscando seguridades racionales, porque nunca serán suficientes si antes no logra vencer este aspecto.

Si usted está más motivado por el lado de la satisfacción y ya ha decidido hacer el cambio, como tiene la autoridad, lo que debemos ver ahora es cómo acompañarlo, con un conjunto de elementos que permitan asegurar que logre los resultados deseados (trataré estos elementos luego de analizar el escenario en el que usted no tiene la autoridad necesaria para llevar el cambio adelante).

ESCENARIO 2: NO TIENE LA AUTORIDAD PARA REALIZAR EL CAMBIO

Estamos en una situación en la que ha entrado en contacto con la metodología de Cadena Crítica, percibe que se pueden mejorar los resultados, pero no tiene autoridad para hacer el cambio.

El primer camino que recomendaría es buscar el espacio de su influencia donde pueda aplicar los conceptos de fondo y mostrar resultados. Por ejemplo, quizás no sea el gerente de proyecto, sino un integrante del equipo. Pero como integrante puede estar a cargo de un entregable y por lo tanto de un conjunto de tareas y recursos. En ese ámbito puede aplicar estos conceptos y así mostrar resultados. Esto le facilitará luego la venta interna. Desarrollaré más este ejemplo.

Usted integra el equipo de proyecto, no es el gerente de proyecto (hago énfasis en esto pues si lo fuera estaría en el escenario 1). No quiero desviarme y mezclar demasiado las ideas, pero si se quedó con alguna duda con respecto a lo que recién afirmé, está en problemas: si usted es gerente de proyecto y no tiene la autoridad de gestionarlo con la metodología que se le antoje, algo anda mal.

Retomo la idea de aplicar el cambio no a todo un proyecto, sino a una parte. Usted es responsable de un entregable o una parte del proyecto. Estará a cargo de los recursos y de las tareas que se necesitan para lograr el entregable. Habrá una instancia de negociación de la fecha de entrega de esa parte, ya que el proyecto seguramente se gestione de la manera tradicional. Y en esa fecha que negocie tendrá una protección adecuada.

Con sus recursos usted puede aplicar varios de los conceptos que vimos en este libro y lograr el entregable a tiempo. Esto le permitirá tener herramientas para mostrar el porqué de sus buenos resultados. Una vez que haya recolectado suficientes éxitos está en mejores condiciones de vender la idea a su gerente de proyecto o a la organización.

Si su espacio de influencia es muy acotado, tanto así que ni siquiera puede hacer alguna prueba interna de menor magnitud para mostrar los resultados, está en una situación bastante lejana para lograr que en sus proyectos se utilice la metodología de Cadena Crítica. Sin embargo, cualquiera sea su situación dentro de este escenario, le comento algunas ideas para vender el cambio.

- **No trate de explicar qué es Cadena Crítica**. Muchos de nosotros pensamos que explicar los detalles de la idea a vender es bueno. ¡Al contrario! Si quiere asegurarse de que no compren su idea, comience describiendo las características de la metodología. Esto hará que la otra parte se ponga a buscar e identificar todas las razones y casos de su realidad por las cuales no funcionará.

- **Acuerde primero el problema**. Debe ser el punto de partida. Si logra acordar la problemática, ha dado un paso importante en la venta. Aquí se trata de recabar los resultados en la organización de la gestión de proyectos.

Seguramente este paso no sea un obstáculo para usted; solo tome la precaución de que los problemas que saque a luz se resuelvan con lo que hemos visto en los capítulos anteriores. Por ejemplo, algunos de los problemas que se resuelven al hacer una correcta implementación de Cadena Crítica, los cuales he clasificado por etapas del proyecto, son los siguientes:

a. Inicio de un proyecto

Diferentes opiniones sobre el logro de los objetivos del proyecto. Muchas veces ocurre que la definición de los objetivos no es correcta, lo que dificulta bastante establecer si está logrado o no. Ejemplos: «Mejorar las condiciones de trabajo en la planta», «cuidar el medio ambiente». Las consecuencias negativas de este problema son que ocurren una mayor cantidad de cambios, lo que genera un impacto negativo en el cumplimiento del tiempo y del presupuesto. Además, dificulta en gran medida hacer el cierre del proyecto.

Comprometerse demasiado temprano en las variables claves (3 P). Ejemplo: «El presupuesto será de 250.000 dólares y se estima en 3 meses», aceptar la orden del *gran jefe*: «Esto debe estar pronto para el 1 de agosto con un presupuesto de 50.000 dólares». Las implicaciones son la pérdida de prestigio personal y el posible fracaso o cancelación del proyecto.

Los stakeholders realizan cambios e impactan en el proyecto. Ocurre que durante la ejecución aparecen requisitos no previstos de gente con mucho poder en la organización e influencia en el proyecto. Ejemplo: «La imagen de la planta es sumamente importante cuando vienen las visitas del exterior, la quiero toda pintada». Y los temas estéticos o de maquillaje no eran parte del alcance inicial. Este problema tiene un impacto negativo en la motivación del equipo, el plazo y el presupuesto.

b. Planificación de un proyecto

El plan es muy difícil de visualizar. Hay tantas tareas que es fácil perderse. Además, como algunas de las estimaciones no se cumplen, el plan deja de representar la realidad rápidamente. Ejemplo: un cronograma con 500 actividades. Las implicaciones son el desorden en las prioridades, caos y pérdida de foco.

Los programas de software tiene incorporado una metodología, no son inocentes. Ejemplo: el Microsoft Project obliga a trabajar las duraciones como determinísticas y frente a las variaciones la sugerencia es la replanificación constante.

Es difícil que las personas se comprometan a dar un estimado, por lo general lo evitan y si alguien los presiona se cubren. Ejemplo: le pregunto el tiempo y si me parece demasiado lo cuestiono hasta negociar algo razonable. Las implicaciones son el uso de protecciones locales, el desperdicio de estas durante el proyecto y las malas relaciones personales.

Mucho énfasis en lo técnico y poco en lo humano. A la gente le gusta que la involucren, y si no lo siente así puede volverse un obstáculo durante la ejecución del proyecto.

Las solicitudes de cotización, incluso los compromisos asumidos, se hacen con una definición de alcance muy preliminar. Esto, en el mejor de los casos, hace que durante la planificación se deba renegociar los acuerdos con los proveedores. Otras veces los cambios surgen en la ejecución y los presupuestos o plazos se ven afectados. Ejemplo: «El pliego y la licitación se hizo hace 6 meses y recién ahora estamos definiendo bien el alcance».

Las propuestas de algunos proveedores tienen poco pienso, y están enfocadas en el costo. En muchas organizaciones la función de compra está más enfocada en el precio que en plazo. Es muy fácil ver el impacto de un precio menor. Ejemplo: «Me ahorré 10.000 cambiándole el material del envallado». Pero resulta que este cambio implica usar en vez de un proveedor local, uno de Argentina, cuyo plazo de entrega e incertidumbre es bastante mayor.

c. Ejecución, monitoreo y control

Las reuniones de proyecto son aburridas. Es un ámbito de excusas, explicaciones y justificaciones donde muchas de las cosas que se hablan son relevantes para muy pocos de los presentes. La consecuencia es una baja motivación y la pérdida del espíritu de equipo.

Hay cambios constantes. De varios lados se piden cambios que impactan en el proyecto. Muchos de ellos son requisitos válidos que no se tuvieron en cuenta, otros son cuestiones mal negociadas desde un inicio: «Bueno, veremos de tenerlo en cuenta», pensando que la persona se olvidará .

Los recursos prometidos no están disponibles cuando se necesitan. La multitarea es muy frecuente en los recursos del proyecto; de distintas partes se los presiona para que cambien de trabajo. Esto hace que su desempeño sea ineficiente y que las tareas se entreguen todas juntas y tarde.

Chismes y vacíos de comunicación. En distintos lugares se oyen rumores negativos o se especula con algunos aspectos del proyecto.

d. Cierre

Los proyectos son difíciles de cerrar. Siempre hay algún grupo, departamento o persona que hace difícil el cierre. Puede deberse, por ejemplo, a que sabe que el momento de pedir algo más es ahora o nunca. Ejemplo: un proyecto de mantenimiento que requiere de la aceptación de producción. Este problema impide o le saca importancia al festejo, y hace que el proyecto no se cierre nunca.

Los adicionales de algunos proveedores son excesivos. Surgieron imprevistos o cambios durante el proyecto que se tuvieron que decidir rápido, y se dejó para luego el cobro de estos, lo que provoca sobrecostos y relaciones tirantes con los proveedores.

- **Acuerde la causa del problema.** Una vez que usted y la persona a la que le está vendiendo la idea han acordado y validado la problemática, es necesario que profundice en la causa de los problemas. Esto fue lo que describí con detalle en el capítulo II. Puede explicarlo y reforzarlo dándole a la persona ese capítulo para su lectura. Quizás sea buena idea darle solo esa parte y no todo el libro, (y con gusto si me escribe se lo enviaré por email).

- **Muestre cómo Cadena Crítica resuelve la problemática.** Ahora sí es el momento de mostrar cómo las características de Cadena Crítica ayudan a resolver los problemas acordados. Si lo pudo probar internamente en un caso más acotado, mucho mejor, pues estará hablando de cosas que ya hizo y logró; no que está por hacer. Una vez logrado este punto, es probable que tenga un aliado con la autoridad necesaria para realizar el cambio, y el asunto estará en cómo conocer más sobre la aplicación para implementarla.

Complemente este punto con aspectos que brinden aún más seguridad. Por ejemplo, Cadena Crítica no es algo de moda, ya tiene más de veinte años, fue incluida en las guías estándar del PMI, organización que reúne y certifica a cientos de miles de personas en el mundo que gestionan proyectos, lo usan miles de empresas, desde la fuerza naval de los Estados Unidos hasta empresas medianas y pequeñas en Uruguay; hay decenas de softwares que lo soportan, etc.

Hemos llegado a un punto de intersección entre los dos escenarios. Están dadas las condiciones para hacer el cambio (o tengo la autoridad y me decidí a hacerlo, o no la tengo pero le vendí la idea al que sí la tiene) y lo que resta ahora es cómo hacer el cambio.

Le contaré algunas experiencias y recomendaciones que he aprendido en estos últimos años de implementaciones de Cadena Crítica. Muchas de ellas están basadas en dolores de cabeza que enfrenté, y mi objetivo es ayudarlo a prevenirlos. La idea es que encuentre obstáculos nuevos a estos y que además los comparta luego conmigo para incluirlos dentro de las lecciones aprendidas, y que otros puedan beneficiarse.

RECOMENDACIONES

1. Alinear la responsabilidad con la autoridad

He visto con bastante frecuencia a muchas personas aceptar la responsabilidad del proyecto sin pedir a cambio la autoridad necesaria para llevarlo adelante. Me han dicho más de una vez: «Me pidieron que este proyecto se haga en un plazo dado, con este presupuesto y alcance». Y mi respuesta siempre es la misma: «¿Y por qué aceptaste?». ¡Hay mil maneras más divertidas de ser suicida! Es una locura aceptar la responsabilidad de un proyecto cuando las variables plazo, presupuesto y prestaciones están determinadas de antemano. Debemos tener la posibilidad de al menos poder jugar con una de ellas, para dar una promesa que luego podamos cumplir.

El gerente de proyecto debe tener autoridad real. Para negociar con los proveedores, con las personas, con los jefes de los recursos, con el cliente... Y él debe asegurarse de esto antes de aceptar la responsabilidad.

En resumen, no acepte solamente la responsabilidad de un proyecto. Acepte también la autoridad, y si no se la dan, consígala. Y hágalo al inicio.

2. Determine el impacto del proyecto para la organización

Esto le permitirá cuantificar la importancia del proyecto dentro de la organización. Muchas veces este aspecto se pasa por alto y cuando uno hace la pregunta se encuentra con la respuesta de que es muy importante, pero no se conoce el valor. Estimar el beneficio del proyecto le permitirá, por ejemplo, tener un criterio claro, durante la planificación, sobre si es una buena decisión cambiar tiempo por dinero.

Hace unos dos años participé como gerente de proyecto en una empresa donde estaba formando líderes de proyectos en Cadena Crítica. La urgencia era de tal magnitud que no hubo tiempo de chequear con los proveedores las estimaciones de plazos. Comenzado el proyecto, lo primero que hice fue revisar la Cadena de Esfuerzos Eficientes del proyecto en busca de tareas a realizar por proveedores y no por recursos internos.

El proyecto consistía en reconstruir una planta química a la que una explosión había dejado fuera de operación. Una de las tareas consistía en reparar los techos de la planta, los cuales habían sido muy dañados durante el accidente. La estimación agresiva fue de 15 días y nos llevamos una gran sorpresa cuando el proveedor nos comunicó que con suerte llevaría de 30 a 40 días. El presupuesto era de aproximadamente 20.000 dólares. Eso implicaba que una sola tarea de la Cadena de Esfuerzos Eficientes iba a utilizar de 15 a 25 días del buffer de proyecto, lo que era excesivo. Comenzar el proyecto con la protección global utilizada en alrededor de un 50 % era muy arriesgado, casi una receta para el fracaso.

Por otro lado, el día de atraso en el proyecto significaba para la empresa un impacto negativo del orden de los 50.000 dólares de venta, lo que con un margen a materias primas del orden del 50 % implicaba una pérdida neta de 25.000 dólares diarios. Y me ocupé de que este valor fuera validado por los directores.

Enseguida llamé al proveedor y le pedí que juntos buscáramos la manera de hacerlo más rápido, aunque eso implicara un mayor costo. Y encontramos en su cronograma que el trabajo estaba pensado para un equipo de 4 personas y una sola estructura o andamio para llegar y reparar el techo. La solución fue utilizar dos andamios y otro equipo de personas más algún otro detalle adicional. El presupuesto se incrementó un 50 %, o sea, 10.000 dólares.

Para la empresa significó hacer algo muy distinto. Estaba acostumbrada a llamar a los proveedores para negociar reducciones de precio, no aumentos. Pero en este caso estaba claro que por estar la tarea en la Cadena de Esfuerzos Eficientes, cada día ganado valía 25.000 dólares y estábamos consiguiendo una reducción del plazo a la mitad, unos 15 a 20 días, ¡por solo 10.000 dólares!

Tenga claro el valor del día de atraso del proyecto para la organización. Será de gran ayuda para cuando necesite cambiar tiempo por dinero.

3. Explique el cambio, capacite a los interesados

No a todos los interesados ni con la misma intensidad. Cuando identifique a los interesados, los clasifique y determine la estrategia a seguir para que se vuelvan colaboradores del proyecto, incluya instancias para explicar la metodología que está utilizando o esté preparado para llevar un sistema de doble información: una para los que hablan su idioma y les ha explicado el cambio, y otra para los que no.

Le recomiendo la primera, pero si no es posible, debe llevar un doble mecanismo de información. Imagínese a un interesado que no sabe lo que es Cadena Crítica y ve un cronograma con una protección al final del orden del 33 % de la duración total del proyecto. Sin duda habrá problemas.

También tenga presente que no todos los interesados necesitan el mismo tiempo de exposición a la metodología. Seguramente los integrantes del equipo de proyecto requieran un tipo de capacitación y los directores de la empresa otra.

Por ejemplo, le puedo recomendar el uso de este libro para capacitar a su equipo de proyecto, y aquellos que necesiten un menor nivel de profundidad pueden ver en la página web de Grupo Trúput[19] alguna de las conferencias que he dado sobre este tema.

En resumen, para hacer el cambio capacite a las personas involucradas, explique y procure hacer la conexión de por qué el cambio será bueno también para ellas. Escúchelas y haga un blindaje de la implementación con lo que ellas le digan que puede salir mal.

4. No empiece por el cronograma

Unos de los errores que considero más habituales es comenzar realizando el cronograma. Muchas veces los programas de software nos obligan a hacerlo; por ejemplo, uno muy utilizado como el Microsoft Project.

Evitar la tentación de iniciar la planificación con el cronograma le ahorrará muchos problemas y dolores de cabeza. Es necesario hacer antes la definición de los objetivos y del alcance. La estructura de desglose de trabajo lo protegerá tanto en la planificación como luego en la ejecución. Definir antes el alcance le evitará hacer cosas que no se necesitan y también le permitirá elegir la mejor entre varias opciones para lograr un resultado.

---

19 www.grupotruput.com

La definición del alcance, previo a listar las tareas, tiene muchos beneficios. Uno muy importante es la integración, la colaboración y la construcción de un equipo de proyecto motivado. Es una instancia de trabajo donde el equipo comprende, comparte, entiende qué es el proyecto y colabora en su definición. Le recomiendo que esta instancia la haga simple: mesa, papel cartulina, papelitos autoadhesivos, lápiz y goma de borrar.

Si no puede evitarlo, hay varios programas para hacer las estructuras de desglose de trabajo. Por ejemplo, hay un software llamado WBS Director de QuantumPM que se instala en el Microsoft Project y que resuelve el tema, ya que lo obliga a hacer la estructura de desglose de trabajo antes de listar las tareas.

Otro aspecto a tener en cuenta con los cronogramas es la cantidad de tareas. Muchas tareas es sinónimo de caos, no de perfección.

- Trate de que las tareas tengan una relación con la duración total del proyecto. Parecería que tener una tarea cuyo estimado de tiempo sea menor al 5 % de la duración del proyecto es mucho detalle, y una tarea con un estimado del orden del 20 % parece muy poco detalle.

- Intente no superar las 150 tareas. Haga agrupaciones o subproyectos.

5. Acerca del software de soporte

Hay muchos softwares de proyectos que soportan la metodología de Cadena Crítica. Yo en particular uso el Prochain porque se instala en el Microsoft Project, que es el más utilizado, y además esta creado por Robert Newbold, que es un referente en Cadena Crítica dentro del ambiente de practicantes de la Teoría de Restricciones y con quién he tenido la oportunidad de intercambiar algunos correos.

Sin embargo, si este tema es un obstáculo en su implementación le comentaré una alternativa para que pueda hacer el cambio.

La resolución de los conflictos de capacidad hoy la resuelven casi todos los programas, así que no perderé tiempo en esto. Lo que puede hacer, si en una primera etapa no logra adquirir un software de Cadena Crítica, es lo siguiente:

En la planificación:

Utilice estimaciones agresivas.
Utilice para todas las tareas la condición de empezar lo más tarde posible.
Identifique el camino crítico que le indique el programa.

Inserte una tarea ficticia al final de duración igual a la mitad del largo del camino crítico, y fíjela en el cronograma.

Aumente el buffer de proyecto (recuerde que no tiene buffers de alimentación y es probable que las cadenas laterales le impacten en el camino crítico).

En la ejecución:

Empiece las tareas de las cadenas laterales un poco antes de la fecha programada. Esto le permitirá proteger las tareas de la Cadena de Esfuerzos Eficientes.

No reprograme.

Utilice el gráfico de la temperatura. En el eje horizontal medirá la terminación de las tareas del camino crítico y en el vertical el consumo del buffer de proyecto.

Nota 1: Exceptuando algunas particularidades que facilitan los softwares de Cadena Crítica, todo lo que comenté en los capítulos V y VI lo puede y debe aplicar para tener éxito en la ejecución del proyecto.

Nota 2: Compre un software de Cadena Crítica; no complique más la cosas de lo que ya son.

6. Dele visibilidad al proyecto

Un aspecto que desmotiva mucho al equipo de proyecto es no saber dónde está parado. Imagínese que está con su equipo inmerso en una gran niebla que no le deja ver el camino, ni el final. Esto ocurre muy a menudo durante la ejecución de los proyectos.

La gráfica de la temperatura está pensada fundamentalmente para indicarnos si debemos tomar alguna acción extraordinaria o no debemos molestar. Si bien nos ayuda a conocer la situación del proyecto, cuánto vamos y cómo vamos, no es el mejor elemento motivador para el equipo de proyecto.

Somos muy visuales y tenemos que tenerlo en cuenta durante el proyecto. Algunas de las herramientas que uso y le recomiendo para sus proyectos son:

Tener una sala o espacio para el proyecto donde pueda ubicar y dejar los elementos visuales.

Imprimir en un tamaño grande y pegar en las paredes de la sala la estructura de desglose del trabajo y la red del proyecto.

Project Wall. Permite ver claramente todo lo que hay que hacer, qué está en ejecución y qué está terminado.

Gráfico de la temperatura junto con la cuenta regresiva de los días que faltan para terminar el proyecto.

Todos estos elementos tienen vida, se van actualizando con el avance del proyecto. Por ejemplo, en la EDT y la red es bueno ir diferenciando las tareas terminadas y los entregables alcanzados. El Project Wall cambia cuando se terminan tareas y cuando se autoriza el inicio de otras. Lo mismo para el gráfico de la temperatura, que muestra un nuevo punto en cada actualización del estado del proyecto. Esto le permitirá a usted y al equipo de proyecto saber en pocos minutos en dónde está parado, cómo es el camino que falta y dónde está el final.

7. Evite la inercia

Si no fuera por la inercia, nuestra vida sería muy complicada. Me refiero a la definición de inercia de rutina, desidia. En la física o mecánica la inercia se refiere a la propiedad de los cuerpos de no modificar su estado de reposo o movimiento si no es por la acción de una fuerza. Definitivamente, la inercia es muy importante, hay muchas cosas que hacemos en automático, y si no lo hiciéramos así nuestra vida sería muy complicada. Imagínese pensar, en cada paso que damos, si el piso es una superficie sólida que no se hundirá cuando nos apoyemos en ella. Si así fuera, estaríamos 30 minutos para avanzar 10 metros. Por el contrario, cuando hablamos de cambiar las cosas que siempre hacemos de la misma manera puede jugarnos un papel en contra, pues sufriremos de un acostumbramiento que presionará a seguir haciendo lo mismo. Pongo dos ejemplos importantes:

- ♦ Presionar a los recursos por el cumplimiento de las estimaciones. La búsqueda de los compromisos de cumplimiento de las estimaciones es una situación de la cual debemos estar todo el tiempo pendientes. Durante mucho tiempo hemos gestionado los recursos de esta manera. Es muy probable que si no estamos pendientes de este tema cometamos errores como preguntarle a las personas «¿cuánto te falta?», «¿por qué te está llevando tanto tiempo?» o «¡estás atrasado!». Si de algo puede estar seguro es de que su equipo lo estará midiendo. Pueden haberle creído o haberle dado un voto de confianza en que el cumplimiento de un estimado no es importante y no será tema de control, pero si durante la ejecución hace lo contrario, esa confianza se vulnerará y puede regresar al punto de partida en el que cada uno se cubra localmente en su tarea.

- ♦ Reprogramar el proyecto. Estamos acostumbrados, y el software ayuda en mucho, a reprogramar el proyecto como respuesta a la incidencia de las variaciones o incertidumbres. Uno de los argumentos de venta de muchos vendedores de software es la rapidez y facilidad con que se pueden hacer las reprogramaciones. Este es otro lugar donde puede caer en la trampa de la inercia. En la metodología de Cadena Crítica no necesita reprogramar, la variabilidad es absorbida por los buffers y eso es lo que permite mantener las prioridades y el foco en el proyecto. La fecha de fin es siempre la misma mientras no hayamos consumido todo el buffer del proyecto. Si durante los sucesivos avisos del gráfico de la temperatura no pudimos poner el proyecto bajo control y consumimos todo el buffer, recién ahí es necesario comunicar que el proyecto estará fuera de plazo y quizás sea útil reprogramar lo restante.

8. Mantenga el foco en lo importante

Cadena Crítica es una metodología de priorización y usted debe lograr enfocarse en lo importante: la ejecución de las tareas de la Cadena de Esfuerzos Eficientes y el consumo de los buffers. Si se ve como un jugador que va detrás de todas las pelotas con la misma intensidad, es que no ha comprendido aún el poder de la metodología. Es probable que genere caos y desorden, y los resultados no sean tan buenos como los que podría lograr.

A modo de ejemplo, le recomendaría que su día empezara y terminara con la tarea de la Cadena de Esfuerzos Eficientes en ejecución. Todos los días usted debe conocer al detalle el trabajo que se está realizando en esa tarea, y debe asegurarse de que se está trabajando con el esfuerzo y eficiencia necesaria. El o los recursos que están haciendo esta tarea deben sentir su presencia permanente y lo tienen que ver como un colaborador y facilitador de su trabajo. Por supuesto que si no están trabajando bien usted debe corregirlo inmediatamente. También deben sentir esa presencia.

Luego, el resto de las tareas. No necesita conocer el detalle de estas; solo debe conocer:

— Si está terminada.
— Si alguna tiene la autorización para empezar.

— Si hay algún obstáculo que la está frenando. Recuerde que el aviso inmediato frente a la ocurrencia de un obstáculo es obligación del recurso que la está ejecutando. Esto es algo que usted debe recordar a menudo.

El gráfico de la temperatura le indicará si hay alguna tarea de las cadenas laterales que requiera un tratamiento especial como las de la Cadena de Esfuerzos Eficientes.

9. Ambiente de múltiples proyectos

En este libro me he enfocado en la aplicación de la metodología de Cadena Crítica a un proyecto. Sin embargo, en muchas organizaciones, a la problemática de la gestión de proyectos se agrega una más: demasiados proyectos en ejecución. Todo un tema que da para escribir otro libro.

Trataré de dar algunas ideas prácticas para abordar este problema.

Cuando decimos «tenemos demasiados proyectos en ejecución» lo que probablemente queremos decir es:

— La velocidad de ejecución de los proyectos es lenta.
— La gran mayoría de los proyectos están demorados.
— La gestión de los recursos es muy ineficiente.
— La multitarea es la manera de operar.

Seguramente estemos en un ambiente de desorden, donde no hay mucha colaboración, sino que cada uno se dedica a encontrar las excusas correctas de por qué su trabajo está atrasado y en qué otro lugar radica el problema. El foco suele estar en el pasado y no el futuro.

Nuevamente tenemos que encontrar cuál es la práctica común que nos está complicando la vida. En este caso, la causa raíz del problema es que pensamos y actuamos como si los siguientes enunciados fueran válidos, y no lo son:

Mientras antes empiece un proyecto, antes lo voy a terminar.
Es bueno utilizar casi todo los recursos al máximo de su capacidad.

Ambas maneras de operar están equivocadas. En la gran mayoría de las organizaciones en las que he trabajado y que manejan varios proyectos en simultáneo me encuentro con que operan bajo estas dos premisas.

Los de arriba presionan a los de abajo para comenzar más y más proyectos, pensando que si logran que se empiece antes, se terminará antes. Es como si los tranquilizara que su proyecto hubiera comenzado. «Algo se está haciendo». Esto causa que la carga de trabajo sea demasiada y que los recursos salten de tarea en tarea tratando de dejar conformes a los *sponsors* de cada proyecto.

Si usted se encuentra en una situación parecida, debe lograr que se regule la entrada o el inicio de los proyectos. El secreto está en la gestión del trabajo en proceso, o como se llama en el ambiente de gestión de operaciones, work in process (WIP).

Los japoneses fueron los primeros en darse cuenta de que:

— El WIP es un desperdicio y por lo tanto debe reducirse al máximo.
— El objetivo es maximizar la velocidad del flujo, no la utilización al máximo de cada recurso.

Esto explica en parte la ventaja competitiva que lograron respecto a muchos otros países.

Le sugiero algunas ideas prácticas que funcionan muy bien:

— Congele una importante cantidad de los proyectos que tenga en ejecución. Es decir, hasta nuevo aviso prohíba trabajar en un grupo de proyectos que estén en ejecución. Dependiendo de qué tan mal esté, podrá congelar entre el 20 y el 50 % de los proyectos en los que está trabajando.
— Mida el estado de los proyectos con los indicadores de Cadena Crítica. Puede tomar el atajo de usar el camino crítico y solo un buffer, el de proyecto (más detalle en la sugerencia 5).
— Descongele o autorice el inicio de un nuevo proyecto solamente cuando haya terminado uno.
— Utilice el gráfico de temperatura para identificar el estado de todos los proyectos. Me refiero a que tenga un gráfico en donde cada punto refleje la situación de cada proyecto en ese momento dado. La cantidad de proyectos en zona roja le servirá para ir regulando el WIP. Más del 10-15 % de los proyectos en zona roja probablemente le esté indicando que está cargando demasiado al sistema. Muy pocos en zona roja le permitirá aumentar la cantidad de proyectos en ejecución.

10. Haga el cambio. Anímese

Si se encuentra en plena ejecución de un proyecto, pruebe dos cosas: reducir la multitarea y usar el buffer de recurso. Eso le permitirá poner en práctica dos conceptos potentes y cosechar mejores resultados.

Si está por empezar un proyecto, no tiene excusas... ¡Adelante!

CASO PRÁCTICO DE IMPLEMENTACIÓN

Fui director de American Chemical ICSA por muchos años; empresa de corte familiar donde en los últimos quince años trabajamos mucho para dar un salto cualitativo y cuantitativo importante con el objetivo de insertarnos en el mercado mundial de productos químicos.

Fuimos realizando sucesivos pasos de aumento de capacidad productiva; nos parecía que vender la producción de cada planta que se ponía en marcha iba a ser todo un desafío. En cada ampliación de capacidad buscábamos que la inversión en la incorporación de nuevas plantas cubriera la demanda actual y gran parte del futuro mediato. Nos fue bien, y la necesidad de continuar incorporando plantas y nuevos procesos pasó a ser parte de nuestra rutina de trabajo.

Trabajamos con intensidad en el área de calidad, obteniendo las certificaciones ISO 9000 en el cuidado del Medio Ambiente. Fuimos pioneros en la aplicación del Programa de Cuidado del Medio Ambiente; revisamos periódicamente la estructura de la organización y trabajamos en forma permanente con consultoras externas para ir adecuándonos a la realidad del día a día.

En todo ese proceso de cambio se fueron generando una cantidad importante de proyectos para lo cual creamos el área de Proyecto y Montaje, para tener un equipo de profesionales dedicados a la tarea de desarrollar y ejecutar los proyectos planificados.

A medida que fuimos incorporando nuevas plantas y procesos, todo cosas nuevas, se fueron haciendo las comparaciones con las plantas nuevas y con los procesos existentes más antiguos. Esto generaba la necesidad de igualar las condiciones de trabajo con las adecuaciones necesarias, y como resultado se creaban nuevos proyectos.

Pero además van apareciendo otras necesidades en paralelo que van de la mano con los aumentos productivos, como ser: aumentos de capacidad de energía eléctrica, aumento de capacidad de plantas de tratamiento de efluentes, aumento de personal y por ende ampliar vestuarios, comedor, aumento de generación de vapor, aire comprimido y muchas cosas más, que seguramente los lectores deben conocer a la perfección. Y todos estos son proyectos que hay que realizar.

Este aumento de carga de trabajo generó que el área de Proyecto y Montaje, la cual durante muchos años trabajó a satisfacción para la Dirección, comenzó a tener dificultades para atender el volumen de proyectos y realizarlos en tiempo y forma, como era lo esperado.

Durante algún tiempo esta situación quedó *disimulada*, a mi entender, por el gran esfuerzo y dedicación que todo el equipo ponía en pos de alcanzar los objetivos y por el muy buen desempeño demostrado anteriormente.

Pero los proyectos se atrasaban, otros no comenzaban en los plazos previstos y otros, para no explayarme mucho, quedaban en la lista de espera.

El resumen de la situación: el equipo de Proyecto y Montaje estaba desbordado y era la *restricción* que teníamos para poder avanzar de la forma deseada.

Estaba convencido de que no era un problema de falta de recursos humanos, sino de metodología, y confieso que no le veía solución. Hasta que, en determinado momento, profesionales de otras áreas de la empresa comenzaron a hablar de la Teoría de Restricciones, la Cadena Crítica, etc., y nos contactamos con la empresa Grupo Trúput.

Comenzamos teniendo reuniones los directores con el equipo de Grupo Trúput, para poder entender de qué se trataban los servicios de capacitación, en qué consistía, de qué se requería y cómo podíamos aplicar esas herramientas en nuestra organización. Cómo insertarla en nuestro sistema de gestión y los diferentes niveles de responsabilidades, desde el directorio, los gerentes, los jefes, los encargados y el resto del personal.

El primer cambio importante que hicimos fue aceptar que no por empezar antes un proyecto, iba a terminar antes. Es algo contraintuitivo, ya que la práctica común es empujar. Si podemos empezar a hacer algo del proyecto X, ¿por qué no aprovechar? Pero por otro lado la realidad nos mostraba que teníamos mucho dinero invertido en equipos esperando en el almacén a ser utilizados. Había que probar algo distinto, pero no parecía muy lógico que para acelerar los proyectos debiéramos congelar una gran cantidad de ellos.

Pasamos entonces a limitar la cantidad de proyectos a llevar a cabo, definiendo grupos de a tres proyectos calificados de acuerdo a su importancia y criticidad, trabajando intensamente en la capacitación de líderes de proyecto.

Se realizaron tres tipos de capacitaciones.

— Una muy intensa para los líderes de proyectos, quienes además de la capacitación tuvieron la tutoría y apoyo de Grupo Trúput durante su primer proyecto.

— Otra para los integrantes de la oficina de Proyecto y Montaje. Esta capacitación fue importante, pero de menor duración.

— Otra para el directorio y los gerentes de la empresa, con el objetivo de hablar un mismo idioma y alinearlos al cambio.

Se formaron los primeros equipos de trabajo, con integrantes del equipo de Proyecto y Montaje, junto a líderes de otros sectores, tarea que no fue fácil, ya que implicaba para todos, y me incluyo en primera línea, un cambio importante de estilo y forma. Pero cuando algo no camina... hay que hacer cambios y probar.

En los tres primeros proyectos en que se trabajó, que eran los más importantes, se consiguieron muy buenos resultados. Dos de ellos terminaron en el plazo previamente establecido, con costos dentro de lo previsto y funcionando dentro de lo esperado en calidad y cantidad. El tercero, si bien se extendió un poco en el plazo, lo consideramos exitoso por lo complicado y el impacto emocional que tenía en la empresa.

Esto nos motivó a seguir trabajando con la herramienta de Cadena Crítica en los siguientes proyectos y se fue avanzando con el agregado de que fuimos aumentando el equipo de líderes de proyecto ampliado a jefes o encargados de otros sectores de la empresa (que en muchos casos eran los demandantes y reclamantes de la ejecución de proyectos en su sector).

El hecho de incorporar en los proyectos a personas fuera del equipo de Proyecto y Montaje, como ser Producción, Mantenimiento, Ventas, Calidad y Desarrollo, permitió algo muy importante: hablar el mismo idioma, conocer las dificultades que hay que superar, la importante coordinación que debe haber entre todos los involucrados en el proyecto para que este se realice dentro de lo planificado.

Por primera vez la planificación se hacía en equipo, integrando e involucrando directamente a todos los sectores de la empresa, que de una u otra forma estarían involucrados en el desarrollo del proyecto en algún momento. Se empezó a definir mejor el alcance de los proyectos, lo que permitió saber y dominar todas las actividades que era necesario llevar a cabo. La administración del buffer del proyecto nos permitió enfocarnos y saber qué acciones y en dónde se debían tomar para mantener el proyecto bajo control.

En cada proyecto participaron todos los niveles de responsabilidad; a esto le sumamos las empresas contratadas, las cuales, ya sea por servicios requeridos, actividades constructivas o de montaje, se sumaron a los equipos de trabajo asumiendo también el compromiso requerido en cada proyecto.

En resumen, puedo decir que la incorporación de la herramienta Cadena Crítica de la Teoría de Restricciones a nuestra empresa fue un acierto; los resultados así lo demostraron. Se consiguió además un efecto en el equipo humano muy importante: todos se sienten involucrados, pero sobre todo considerados, ya que todos emiten su opinión y esta es escuchada y evaluada para ser considerada en el proyecto.

Por intermedio de estas líneas espero haber expuesto en forma resumida nuestra experiencia en todo el trabajo realizado con el equipo de Grupo Trúput, agradeciendo su aporte para alcanzar los objetivos trazados.

Álvaro Rodríguez Lois

PREGUNTAS FRECUENTES

A lo largo de estos años he recolectado una serie de preguntas que me hacen casi siempre que doy una capacitación, charla o conferencia. Aquí hice una selección de algunas de ellas que no fueron tema del libro o que están respondidas con un enfoque diferente.

¿La metodología de Cadena Crítica es aplicable a cualquier tipo de proyecto?
Para los proyectos en los cuales no es posible definir con un grado de precisión razonable el alcance, es preferible usar otras metodologías como las ágiles. Por ejemplo, en Grupo Trúput hemos asesorado a Pinturas Inca y a Accenture en la implementación de algún cubo de información del sistema ERP de SAP, pero no así en el desarrollo de software a medida.

¿Camino crítico es lo mismo que Cadena Crítica?
Esta es una pregunta que siempre me hacen en cada conferencia que doy. En el PMBOK Guide, 5.ª edición, donde se explica un poco mejor la Cadena Crítica que en versiones anteriores, el tema se ubica dentro del proceso de desarrollo del cronograma como una técnica elaborada a partir del camino crítico. Es natural y esperable esta pregunta.

El doctor Goldratt fue un genio. Creó un proceso para gestionar organizaciones, incluido en el pensamiento sistémico, conocido como TOC, que hoy ya tiene más de treinta años y se ha instalado en el mundo dentro de las prácticas de gestión exitosas. El doctor Goldratt no fue tan bueno en la elección de los nombres. Llamó Cadena Crítica a su libro, a un método de programación, a un conjunto de tareas claves dentro del proyecto y a la metodología.

¿Qué tiene en común el método de programación de Cadena Crítica con el método del camino crítico? El *apellido*, y que los dos son un método de programación. Las diferencias son varias: la estimación, las protecciones o amortiguadores, el tratamiento de los recursos, la existencia única durante el proyecto...

¿Qué tiene en común la metodología Cadena Crítica con el método del camino crítico? Prácticamente nada. En parte debido a esta confusión es que prefiero llamar al conjunto de tareas importantes del proyecto las tareas de la CADENA DE ESFUERZOS EFICIENTES.

¿Qué pasará la próxima vez cuando mis colaboradores sepan que sus plazos serán recortados?
¿No aumentarán sus duraciones para que el recorte no los afecte?
Solo hay una primera vez para debutar. El primer proyecto con Cadena Crítica es una oportunidad de aprendizaje para todo el equipo. Los resultados respaldan la metodología y por lo tanto los colaboradores *ven* una manera distinta y más efectiva de hacer las cosas. ¿Por qué alguien tendría que aumentar sus estimaciones para que el recorte no las afecte? Porque tiene miedo de que el incumplimiento de su estimación le resulte perjudicial. Y eso no debe suceder así. Las estimaciones son colectivas y por lo tanto el plan del proyecto es una herramienta colectiva; la responsabilidad individual es en relación a hacer las tareas a la mayor velocidad posible con la calidad requerida. La importancia está en el proceso, y la duración real del cumplimiento de la tarea es un resultado. Si un colaborador cumple con su estimación, pero trabaja de manera displicente y distraída, ¿está haciendo bien su trabajo?

En el próximo proyecto los colaboradores sabrán muy bien que el plan de proyecto se realiza con estimaciones agresivas y desafiantes, que hay una protección global de la fecha del proyecto y que lo que importa es que cada uno trabaje con el esfuerzo y con la dedicación que se requiere. La fecha que se debe lograr es la del proyecto como un todo y no las fechas parciales de las tareas individuales.

¿La Cadena de Esfuerzos Eficientes es única? ¿Cambia durante la realización del proyecto?
Desde el punto de vista matemático, dada una red de tareas genérica que tiene como único requisito que el conjunto converja en un solo elemento final, la Cadena de Esfuerzos Eficientes no tiene por qué ser única. Puede existir más de un subconjunto de tareas que determina la duración total del proyecto, teniendo en cuenta las duraciones individuales y las relaciones de precedencia técnica y de recursos que están planteadas; puede haber más de un subconjunto que cumpla con esta condición. Desde la práctica, los responsables del proyecto eligen una de ellas con base en su criterio (basta con alterar ligeramente las estimaciones empleadas para que en efecto la cadena seleccionada sea el único subconjunto que cumpla con la condición de mínima).

Durante la realización del proyecto tomamos como principio de gestión que la Cadena de Esfuerzos Eficientes no varía, y por ello no recalculamos permanentemente el cumplimiento de las condiciones. Durante la ejecución del proyecto suceden muchas cosas. Por ejemplo, tareas que no están en la Cadena de Esfuerzos Eficientes se atrasan tanto que consumen su buffer de alimentación y también afectan el de proyecto; en esas circunstancias esas tareas son tan críticas y requieren tanto soporte y concentración como las de la Cadena de Esfuerzos Eficientes, pero mantenemos la alineación y el plan de juego basados en la original y única.

Si las desviaciones y las medidas de ajuste no dan resultado, conviene considerar si el proyecto como tal no requiere una reevaluación global y de ahí podrá surgir una nueva Cadena de Esfuerzos Eficientes, pero esta es una situación extrema.

Una tarea que consumió el buffer de la cadena lateral a la que pertenece y ahora está consumiendo del buffer del proyecto, ¿es como una tarea de la Cadena de Esfuerzos Eficientes?
Esto lo vimos en la pregunta anterior. A todos los efectos prácticos, y por el impacto que tiene en el proyecto, esa tarea tendrá toda la atención y apoyo como si fuese de la Cadena de Esfuerzos Eficientes.

Si solo considero como avance las tareas que están terminadas, hay algunos proveedores que cobrarán solo al final del trabajo y no en pagos parciales, como están acostumbrados. ¿Qué problemas da esta modalidad?
El que avisa no es traidor. A los efectos de la gestión del proyecto, el avance corresponde al resultado de las tareas terminadas de modo completo. Los pagos parciales a los proveedores corresponden a la modalidad de contratación y será acordada al inicio de la relación. Procurar que se alinee el pago con el estilo de seguimiento facilita bastante la relación, mejora la planificación de las actividades y hace pensar mucho a los proveedores. La recomendación es realizar el contrato para que los pagos estén vinculados a paquetes de trabajo (entregables). ¡Pero antes de comenzar!

Si no exigimos que terminen en el plazo estimado, ¿qué tenemos que exigir?
Tenemos que exigir que la cantidad y la calidad del trabajo que se realice estén en el nivel deseado; el plazo estimado de terminación es una estimación que se hace cuando se desconocen muchas variables y circunstancias. Debemos procurar que las tareas se hagan de la mejor manera, en el tiempo más breve y con las mejores condiciones. Cuando se pactan plazos con proveedores, la *exigencia* está expresada en las condiciones contractuales y las protecciones están contempladas por ambas partes. ¿Tiene algún efecto positivo presionar a alguien cuando está haciendo todo su esfuerzo y empleando toda la dedicación posible? ¿Damos más cuando ya lo estamos dando todo? Le pasa lo mismo al resto de nuestros colaboradores.

¿Hay reuniones de seguimiento?
No, hay reuniones de anticipación. Me gusta señalar que preferimos reuniones de apoyo y anticipación. El concepto de seguimiento implica que vamos *detrás* de lo que sucede y esa no es la mejor forma de gestionar: nos pasamos haciendo autopsias y lo que se requiere es prevención y anticipación. En estas reuniones no utilizamos el tiempo para *actualizar* el estado del proyecto. Esto no

debe tomar más de treinta minutos y lo hace antes el líder del proyecto. Recordemos que solo hay un tipo posible de actualización: está terminada.

La reunión consiste en analizar la tarea de mayor penetración en el buffer y, si la situación requiere, cómo se facilita el trabajo. Todo el equipo se focaliza en esa tarea. La gestión de riesgos es algo que recomiendo hacer en cada reunión.

Uno de los mayores problemas de la gestión de proyectos es el cambio en las prioridades: saltan problemas por todos lados. ¿La metodología de Cadena Crítica aporta algo para ello?
La metodología de Cadena Crítica básicamente es un elemento de priorización y concentración de los esfuerzos en la fase de ejecución. En cada momento existe solamente una tarea de la Cadena de Esfuerzos Eficientes que está activa y que debe concentrar la atención. Los problemas que aparecen en relación a esa tarea tienen atención prioritaria, los demás no. No se puede hacer todo al mismo tiempo, no se debe. La herramienta de Cadena Crítica plantea este asunto con mucha *acidez*. Las actividades que no están en la Cadena de Esfuerzos Eficientes están escalonadas y amortiguadas de manera de no crear caos, de manera de no tener demasiadas tareas en simultáneo. El foco siempre está en la tarea de la Cadena de Esfuerzos Eficientes que se está ejecutando y en las tareas que consumen buffer de proyecto.

¿Si no presionas a la gente, es posible que abandonen tu proyecto por la presión que tienen en otros proyectos?
Luchar por los recursos es un modo de operar bastante habitual. Pero no debe hacerse desde la presión, porque generalmente lo que se consigue es poco. Si los acuerdos no se respetan, hay que resolver el problema de fondo, que en muchas ocasiones no es responsabilidad de los presionados, sino de otros. La multitarea se debe reducir o eliminar desde la planificación.

¿No es suicida decir que «no importa que las tareas terminen a tiempo»?
Es suicida pensar que por presionar para que las tareas terminen en el tiempo estimado se aumenta la probabilidad de que el proyecto termine en la fecha comprometida. Lo que importa es que las tareas terminen en el menor tiempo posible y para ello lo que importa es que el esfuerzo empleado sea de la calidad que corresponda.

¿En alguna oportunidad una tarea que fue planificada con un plazo agresivo terminó antes?
Una vez que los que participan en proyectos manejados con este enfoque entienden que no tienen que destinar tiempo y esfuerzo en justificar la puntería de sus pronósticos, se logra un mayor enfoque y dedicación en la tarea propiamente dicha. En algunas oportunidades eso tiene como resultado la finalización incluso antes de que se cumpla el tiem-

po estimado con baja probabilidad. Los eventos poco probables ocurren; con baja probabilidad, pero ocurren.

¿Cómo afecta la medida de avance del proyecto que hace Cadena Crítica a los comportamientos de los recursos? ¿Desmotiva el ver que estás haciendo un montón de trabajo, pero no avanzas?

Todos hemos visto esas situaciones en las que el último 10 % toma tanto como el primer 90 %. Culturalmente hay un cambio significativo cuando pasamos de una modalidad continua a una discreta. En la metodología de Cadena Crítica el avance es del tipo SI/NO: ¿la tarea está terminada?¿Sí o no?; ya no se considera un 17,22 % de avance; es un enfoque más ácido. Y por ello más enfocado.

Dijo Goldratt: «Tell me how you measure me and I will tell you how I will behave. If you measure me in an illogical way... do not complain about illogical behavior».

La experiencia indica que enfoca y motiva al grupo a hacer lo necesario para lograr un avance efectivo.

¿Por qué se recomienda no empezar una tarea si tengo todo listo para hacerlo? ¿No es mejor empezar cuanto antes por si luego pasa algo y no usé el tiempo que tenía disponible?

El centro filosófico de Cadena Crítica es la concentración, el enfoque. Cuantas más cosas, menos concentración, más disipación de los esfuerzos. Si tenemos más frentes abiertos, es más difícil concentrarse.

La recomendación general es que se emplee el tiempo disponible en mejorar todos los aspectos de la planificación y preparación; de este modo, cuando tenemos la luz verde para comenzar, lo hacemos con toda la energía y la concentración necesaria para hacer un buen trabajo.

¿Qué software hay para manejar los conceptos de Cadena Crítica?

Yo utilizo Prochain porque tiene dos grandes ventajas. Se instala y corre arriba de Microsoft Project, que creo es el software más usado en proyectos y fue desarrollado por expertos en la aplicación de la Teoría de Restricciones.

También conozco el software Sciforma, que si bien es más completo que el Microsoft Project, trabaja la metodología de Cadena Crítica como una opción más y por ende no es muy fiel en algunos conceptos con los fundamentos de la Teoría de Restricciones.

En las conferencias internacionales de la TOC he escuchado mencionar mucho y hablar muy bien de Concerto, pero no es un software que conozca o haya usado.

RAÚL BIANCHI
CADENA DE ESFUERZOS EFICIENTES
Cómo terminar los proyectos a tiempo y en presupuesto
Teoría de Restricciones para la gestión de proyectos

«La metodología de Cadena Crítica me mostró otra faceta de la gestión de proyectos. Estos pueden terminarse a tiempo, con mucha voluntad y sobreesfuerzo, pero también conociendo y enfocándose a cada instante en sus restricciones, esas pocas tareas claves. ¡De esa manera es posible lograr un apalancamiento!»

Gladys Tanco
Gerente de Proyectos, Sonda. Uruguay

«Quienes quieran mejorar los resultados en la gestión de sus proyectos encontrarán en este libro nuevas perspectivas de análisis y herramientas claras para hacerlo. Hemos trabajado con el ingeniero Bianchi aplicando la metodología de Cadena Crítica, logrando, por ejemplo, que un cliente ampliara una planta al doble de su capacidad, no solo cumpliendo con las 3 P, sino obteniendo un retorno de la inversión en un plazo menor al estimado en el proyecto. Lo recomiendo.»

Lic. Adriana Steinhardt
Presidenta de Steinhardt SA. Argentina

«He aplicado las técnicas de gestión que se presentan en el libro, obteniendo de ellas una estructura de proyecto a la que ceñirme, y las expectativas de duración, costos y amenazas al mismo.

Pero el método me ha cambiado más de lo que yo entendí al principio. Cambió mi forma de trabajar, tanto durante la programación como durante la ejecución. Ahora no tengo una fecha que cumplir para una tarea, solo tengo que cumplir la fecha del proyecto.

La motivación grupal y el método de control es otro punto fuerte de Cadena Crítica. Ilumina mucho el camino saber exactamente dónde actuar si es necesario.

En resumen, he aplicado esta metodología para desarrollar y llevar a cabo proyectos de alta interrelación entre especialidades disímiles.

Me aportó otra forma de encarar la programación, he obtenido proyectos más cortos, me ha permitido gestionar riesgos durante la ejecución y he previsto, con buen grado de certeza, su fecha de finalización y costo al cierre del mismo.»

Ing. Eduardo Villemur
Planificación TER (Térmica), UTE. Uruguay

www.ingramcontent.com/pod-product-compliance
Lightning Source LLC
Chambersburg PA
CBHW071200160426
43196CB00011B/2140